AF536484

VoG

VoG Verlag ohne Geld e.K.

n.41

Personen und Handlung sind frei erfunden

Ada Zapperi Zucker ist in Catania geboren und hat in Rom Klavier und Gesang studiert und dieses Studium an der Musikhochschule Wien beendet. Gleichzeitig hat sie für *Dizionario Biografico degli italiani dell'Istituto Treccani, Enciclopedia dello Spettacolo* und *Enciclopedia Universo De Agostini* gearbeitet. Als Opernsängerin war sie hauptsächlich außerhalb Italiens tätig, derzeit unterrichtet sie Gesang in Deutschland und in Südtirol.
Von dem südtiroler Maler Gotthard Bonell wurde sie in Malerei unterrichtet.
Sie lebt seit vielen Jahren in München.

Ihre Veröffentlichungen haben verschiedene nationale und internationale Preise bekommen, die wichtigsten sind:

2020	Zweiter Preis *San Domenichino* für den Briefroman *Due donne del Sud*
2017	Ehrenpreis *Casentino* für den Roman *La casa del nonno*
2015	Erster Preis *San Domenichino* für den Erzählband *La Cucchiara*
2012	Erster Preis *Casentino* für den Roman *Teatro di ombre*
2012	Preis *Stiftung Kreatives Alter – Zürich* für den Erzählband *Le inquietudini della sora Elsa*
2011	Erster preis *Chianti,* für den Roman *Il silenzio*
2008	Erster Preis *Giovanni Gronchi,* für den Erzählband *La scuola delle catacombe*

Das italienische Original erschien 2019 unter dem Titel
Una vita di donna in Sicilia
im gleichen Verlag

ISBN 978-3-943810-43-1

Registergericht München HRA 99261
www.verlagohnegeld.de
Lektorat: Bärbel Yücel
Gesamtgestaltung: Heinz Weih

Umschlagbild: Ada Zapperi, *Penisola*, 1995

Ada Zapperi Zucker

Ein Frauenleben auf Sizilien

Roman

Aus dem Italienischen
von Dominikus Andergassen

Die Reise

Im Zug hatte sich Elena sofort gesetzt und stur zum Fenster gedreht: war sie beleidigt? Das blasse Gesicht mit den nicht gewöhnlichen, aber auch nicht schönen Zügen war von einer Masse schwarzer Locken umrahmt. Die dunklen Augen, trauriger als üblich, verfolgten das ununterbrochene Aufeinanderfolgen der Strommasten. Es war offensichtlich, dass sie sie nicht bewusst wahrnahm, so sehr war sie auf etwas konzentriert, das sie quälte. Sie wagte nicht den Blick zu wenden, um ja nicht der gerunzelten Stirn des Vaters zu begegnen, der sich seinerseits mit einem gewissen Nachdruck hinter der zerknitterten Zeitung verbarg. Seltsamerweise hatte er sich nicht dazu geäußert, hatte kein einziges Wort über den Vorfall verloren. Er schien nicht verärgert zu sein; einzig die gerunzelte Stirn zeugte von einer gewissen Belästigung oder besser gesagt von einer leichten Verstimmung.

Der negative Ausgang der Prüfung, das voraussehbare Versagen der Tochter war für ihn von äußerst geringer Bedeutung: gewissermaßen Frauengeschichten und nichts weiter, eine Marotte seiner Frau. Diese hatte sich in den Kopf gesetzt ihre Tochter Klavier studieren zu lassen. Er hatte sich nicht eingemischt, hatte nur die Schultern hochgezogen, so als wolle er sagen, es sei nicht seine Angelegenheit. Er war in der Tat der Meinung, dass die Erziehung der Kinder, vor allem der Tochter, nicht in seinen Aufgabenbereich als Vater falle. Seine Aufgabe war es, das Geld nach Hause zu bringen. Um den Rest solle sich die Ehefrau kümmern.

Dann aber, auf Anraten von wer weiß wem – ein schlechter Rat, wie sich herausgestellt hatte – hatte sie darauf bestanden, sie in Neapel im namhaften Konservatorium San Pietro a Majella einzuschreiben, mit diesem wunderbaren Ergebnis, grübelte er weiter. Und er, um sie zufrieden zu stellen, um seine Frau zufrieden zu stellen, versteht sich – er stellte sie immer zufrieden, seine kleine Gemahlin – war bis nach Neapel gefahren, in diese ungemütliche, lärmende, immer noch zerstörte Stadt, obwohl bereits zehn Jahre seit Kriegsende vergangen waren und wohin er nie einen Fuß hätte setzen wollen.

Eine unnötige Ausgabe: Reise, Hotel, ganz zu schweigen von seiner Zeit, die er besser an seinem Schreibtisch verbracht hätte, auf dem sich inzwischen sicher sehr viel Arbeit angehäuft hatte. Dieses Versagen hatte jedoch auch eine positive Seite: Das ständige Hämmern auf den Tasten, wenn man das überhaupt Musik nennen konnte, würde ein Ende haben.

Er atmete erleichtert auf.

Gewiss, die Musik hatte ihn nie interessiert, auch hatte er nie groß etwas davon verstanden, angenommen, dass es da etwas zu verstehen gab; Frauengeschichten, die bereits schwach wurden, wenn sie bloß ein Klimpern des Klaviers hörten. Mit der Zeit hatte er eine regelrechte Unduldsamkeit und, warum auch nicht, ein offen geäußertes Unbehagen entwickelt. Er sagte nämlich, der Klang dieses verdammten Instruments habe die Macht einen Nerv auf der Höhe seines Ohrs gefährlich überdehnen zu können, wodurch das empfindliche Gleichgewicht seines Gehirns gestört würde. Das Ergebnis dieser Störung waren schreckliche Kopfschmerzen. Sie könne klimpern so viel sie wolle, aber in den wenigen Stunden, die er zu Hause verbrachte, wollte er keinen 'Lärm' hören. Nach einem Arbeitstag in den Gerichtssälen, wo das unaufhörliche Geschrei des Publikums seine Nerven strapazierte, habe er Anrecht auf ein wenig Ruhe.

Elena studierte mittlerweile seit Jahren und war überzeugt, dass ihr Vater sie nicht ein einziges Mal hatte spielen hören, vielleicht manchmal an einem Sonntagmorgen, als sie noch zur Stärkung der Finger auf den Tasten geübt hatte. Nach den Protesten ihres Mannes hatte die Mutter ihr verboten, sonntags zu üben. Jeden Tag schaute die Mutter dann ab einer bestimmten Stunde nur noch auf die Uhr und lugte in einem ständigen Hin und Her zur Haustür, nervös, ungeduldig. Sie beruhigte sich erst, wenn sie ihn um die Ecke biegen sah. Dann atmete sie tief durch und beeilte sich, den Deckel des Klaviers zuzuklappen, ohne der Tochter die Zeit zu lassen, auch nur den Satz zu Ende zu spielen, die Finger von der Tastatur zu lösen.

Es war Elena übrigens nie in den Sinn gekommen, dass ihr Vater ihr vielleicht zuzuhören gewünscht haben könnte. Sie war sogar selbst davon überzeugt, dass dieses 'lästige Geräusch' nur Frauen gefallen könne: Musik habe etwas Weibliches, Sentimentales an sich, hatte ihr Vater mehrmals erklärt, ohne eine gewisse Verachtung zu verbergen, zweifellos etwas Unseriöses, eines echten Mannes unwürdig.

Elena hat sich nie gefragt, warum alle Komponisten Männer waren. Sie war noch nicht alt genug, um sich solche Fragen zu stellen. Außerdem handelte es sich für sie nur um Namen: Bach, Mozart, Schubert. Dass hinter diesen Namen menschliche Wesen standen, Männer, vielleicht groß und dick, mit Perücken und Westen, sehr viel ernster und majestätischer als ihr Vater, vielleicht mit Familie und Kindern, war ihr nie in den Sinn gekommen.

Jedenfalls bat ihre Großmutter mütterlicherseits, jedes Mal wenn sie zu Besuch kam, fast wie zur Bestätigung dieser Auffassung, höflich darum, ihr ein schönes Musikstück vorzuspielen, wobei sie laut Definition ihres Vaters bei jedem Arpeggio dahin schmachtete.

Mit vier oder fünf Jahren hatte sie ganz allein zu spielen begonnen, vielleicht um die Langeweile zu vertreiben, da sie dazu verurteilt war, zu Hause zu bleiben und es ihr strengstens verboten war, auf die Straße zu gehen und mit den anderen Kindern der Nachbarschaft zu spielen, wie es Nello, ihrem älteren Bruder, erlaubt war. Angesichts ihres Interesses hatte sich ihre Mutter neben sie gesetzt und ihr die ersten musikalischen Grundkenntnisse beigebracht: Noch bevor sie lesen und schreiben konnte, hatte sie die Bezeichnung der Noten und alles Notwendige gelernt, um die ersten Bayer-Übungen zu spielen. So ging es ein paar Jahre lang weiter. Dann änderte sich von einem auf den anderen Tag alles. Angetrieben von wer weiß welchem Ehrgeiz, den man in einer kleinen, unsicheren Person wie ihr, die sich ganz der Pflege des Hauses und ihres Mannes widmete, überhaupt nicht vermutete, beschloss ihre Mutter, sie zu einem echten Musiker, einem alten Operngeiger in Ruhestand, einem Nachbarn der Mutter, zu bringen. Das Urteil fiel positiv aus. Das Kind war überraschend musikalisch, selbst für sein Alter, und es müsse ernsthaft zum Studium angehalten werden. Von diesem Moment an gab es keine ruhige Minute mehr. „Elena die Tonleitern. Elena die Arpeggi. Elena die Übungen. Elena, noch eine halbe Stunde." Jeden Nachmittag die gleiche Geschichte.

Sobald Nello sah, dass sie sich anschickte mit ihren Übungen zu beginnen, oder er ein Geräusch aus ihrem Zimmer kommen hörte, das an den so genannten Polyphem-Salon angrenzte, in dem sich das Klavier befand, sprang er, den Vater nachahmend sofort auf und erklärte, dass auch er irgendwo einen Nerv habe, der sich auf sehr gefährliche Weise verdrehe. Er riskiere sogar, sein Gehör zu verlieren. Schlussfolgerung: er rannte aus dem Hause und sagte, dass unter diesen Umständen niemand von ihm hätte verlangen können, dass er dort seine Hausaufgaben mache. Andererseits, wer weiß, wie er es immer anstellte, einer der Klassenbesten zu sein, obwohl er nie ein Buch anrührte oder sich anderweitig dafür umtat. Als auch sie zur Schule ging und er sie mit hochrotem Kopf über Bücher und Hefte gebeugt sah, versäumte er nie, sie auszulachen.

»Nur die Dummen müssen lernen! Im Grunde genügt ein klein wenig Intelligenz!« Von einem verächtlichen Blick begleitete Worte, die alleine schon genügt hätten, sie aus der Haut fahren zu lassen. Hastig zog sie einen Schuh aus oder ergriff den nächstbesten Gegenstand und warf ihn ihm hinterher. Ganz so als hätte er nichts anderes erwartet, grinste er hämisch, schnappte den Gegenstand im Flug, um sich dann über sie lustig zu machen.

Nello war vier Jahre älter als sie und groß, immer unausstehlich größer als sie. Und präpotent: er behandelte sie immer von oben herab, wenn nicht gar mit Verachtung.

Seit ihrer Geburt hatte er sie als Eindringling betrachtet, eine von wer weiß woher Gekommene, die man sofort an den Absender zurückschicken müsse: wiederholt hatte er der Mutter erklärt, dass er dazu bereit wäre. Er selbst hätte sich um die Rückgabe gekümmert. Die Versuche der Mutter und der Großmutter, ihn zu überzeugen das Schwesterchen lieb zu haben waren vergebens, im Gegenteil, seine Abneigung nahm tagtäglich zu und häufig hatte er den Wunsch geäußert, sie ins Meer zu schmeißen: Von dort sei sie gekommen, wiederholte er und dorthin müsse man sie zurückbringen und er reagierte seinen Zorn ab, indem er sie ungesehen zwickte und auf jegliche Weise ärgerte. So wie er sie zum Heulen gebracht hatte, kniff er zufrieden die Lider zusammen und grinste vor Vergnügen.

Im Laufe der Jahre änderte sich nichts daran. Um sie zum Weinen zu bringen, flüsterte er ihr im Alter von sieben Jahren „Fimmina", Weib, ins Ohr, als wäre es eine Obszönität, eine Beleidigung. Es genügte die Art, wie er dieses Wort aussprach, um zu begreifen, wie viel Groll, wie viel Abscheu gegen seine Schwester er aufgestaut hatte. Obwohl noch sehr klein, verstand sie die Bedeutung.

Andererseits wäre jedes Wort, das er zu ihr gesagt hätte, auf die gleiche Weise gedeutet worden: Es war der unbeugsame und ungerechtfertigte Hass, der sie verletzte, und es bedurfte nur eines Blickes, etwas, was er ihr wie einen Giftspritzer ins Ohr flüsterte, um sie zum Weinen zu bringen.

»Jetzt lauf zu Mama, Fimmina«, zischte er, wenn er sie, irgendeinen Vorwand vorschützend, schlug. Er ging nie an ihr vorbei, ohne sie zu stoßen oder sie zu zwicken, um blaue Male zu hinterlassen und dabei wie das unschuldigste Wesen der Welt dreinzuschauen. Warum tat er das? Die Mutter fühlte sich hilflos angesichts dieser kalten Entschlossenheit. Auf ihre Fragen hin leugnete er stets alles oder besser gesagt, er protestierte dagegen, dass man ihm immer wieder inexistente Vergehen vorwarf, die Elena nur erfunden habe, um ihm zu schaden. Er leugnete auch die blauen Flecken, die kleinen Wunden in ihrem Gesicht, die Schreie des kleinen Mädchens: Er sagte, die habe sie sich selbst zugefügt. Aber was seine Mutter am meisten erschreckte, war eine Art Sadismus, der sich sehr bald zeigte, eine krankhafte Freude ließ seine Augen aufblitzen, wenn er seine Schwester, seine Spielkameraden und sogar seine Mutter selbst leiden sah. Es war ein bösartiges, freudloses Genießen. Er schien von einem Groll besessen zu sein, der ihn wie eine Krankheit auffraß. Und wie ein krankes Kind sah er auch aus: abgemagert, bis auf die Knochen ausgezehrt, gelblich, die Augen verzerrt, fast fiebrig. Die Mutter, eine einfache Frau von sehr begrenzter Kultur, konnte nicht einmal sich selbst den Sinn dieser Negativität erklären; sie war nicht imstande, einen Blick auf die Wirklichkeit zu werfen, die sich hinter all den Provokationen des Kindes zuerst und des Jungen dann verbargen. Niemals kam ihr der Verdacht, dass sich hinter dieser Maske aus Bosheit und Zynismus eine Leere, ein Abgrund der Einsamkeit, ein erschütterndes Unglücklichsein verbarg. In jeder seiner Aktionen steckte nichts anderes als ein Hilferuf, ein Alarm, ein unbewusster Wunsch nach Zuneigung, nur nach Liebe.

In seinem unerträglichen, unruhigen Sein fand er eine Art Gleichgewicht oder vielmehr eine Rechtfertigung für das Unverständnis, die Lieblosigkeit, die ihn umgab; er hätte andererseits nie ein braves Kind sein wollen, nie hätte er versucht, die Liebe seiner Mutter zu verdienen, der gegenüber er übrigens ambivalente Gefühle des Verlangens und der Verachtung hegte; nie hätte er sich unterworfen und um Liebe gebettelt – wie, so vermutete er, es seine Schwester mit ihrem Klavier tat. Unbewusst wusste er, dass seine Mutter aufgrund ihrer angeborenen Unzulänglichkeit, was auch immer er getan hätte, nicht in der Lage gewesen wäre, die Leere, die schmerzende emotionale Einsamkeit zu füllen, die ihn quälte. Niemand hätte sein extremes Bedürfnis nach Liebe verstehen können, und er noch weniger als alle anderen. Es war besser, sich selbst die Schuld zu geben, seinem schlechten Charakter, der Bösartigkeit, dem Gift, das grundlos in ihm brodelte, anstatt anderen die Unfähigkeit oder auch nur die Unmöglichkeit ihn zu lieben zuzuschreiben.

Und alles hatte mit der Geburt der Schwester begonnen, zumindest war das seine Überzeugung, denn von der Zeit davor hatte er keine Erinnerung. Er hatte die Pflege mitbekommen, die seine Mutter der Neugeborenen angedeihen ließ und war eifersüchtig geworden. Für ihn hatte die Mutter keine Zeit mehr, sie hatte ihn im Gegenteil in einen Kindergarten geschickt, wo sich zum ersten Mal jenes Unglücklichsein und jene Einsamkeit gezeigt hatte, die ihn dann sein ganzes Leben lang nicht mehr verlassen sollten. In jenem Kindergarten hatte er die ersten Freunde gewonnen, sich aber auch die ersten Feinde gemacht; dort hatte er gelernt zu prügeln, zu verachten. Zu hassen. Die Nonne, machtlos angesichts solcher Wut, hatte sich bei der Mutter beschwert, sie solle ihn nach Hause mitnehmen: ein Kind wie dieses brächte bloß Unordnung in die Gruppe, war asozial und aggressiv; sie könne es nicht mit den normalen Kindern zusammentun.

Ab einem gewissen Alter hörte er auf, seine Schwester zu schlagen und sie grundlos zu ärgern. Doch, weitaus schlimmer, er begann, sie zu ignorieren, sie wie jemanden zu behandeln, der aus Versehen in diesem Haus gelandet war. Jedes Mal, wenn er sie sah, schien er überrascht zu sein, er schaute sie immer mit der Frage in den Augen an: „Wer ist denn die? Woher kam die geschneit? Was macht die hier?“

Allmählich aber begann auch er sich wie ein Fremder zu benehmen: er bewegte sich im Haus wie ein Gast, betrachtete alles hochmütig, kalt beziehungsweise unbeteiligt, wie jemand, der dabei ist, zu seiner wahren Familie zurückzukehren, zu seinem wahren Zuhause, und amüsierte sich, alle mit seiner verächtlichen und provokanten Art zu reizen.

Wenn er ihr in der Straßenbahn auf dem Rückweg von der Schule begegnete, tat er so, als würde er sie nicht kennen und drehte sich sogar auf die andere Seite, um sie nicht zu sehen. An der Haltestelle dann stieg er aus, schubste die anderen Fahrgäste, um der Erste am Ausstieg zu sein, legte die kurze Strecke nach Hause im Laufschritt zurück, warf seine Schultasche neben der Haustür auf den Boden und ging sofort ins Esszimmer. Als Elena schließlich die Wohnung betrat, saß er, die Gabel demonstrativ in der Hand, bereits am Tisch, und hatte die Frechheit, mit unschuldigem Gesichtsausdruck zu protestieren: »Jeden Tag zu spät. Immer müssen wir warten, bis es dem Fräulein passt!« Noch vor Zorn bebend, beschwerte sich Elena lautstark und beschrieb der Mutter seine Grobheiten, die sie ertragen musste. Diese schüttelte nur den Kopf, unfähig zu einer Reaktion und ohne Überzeugung sagte sie nur, dass sie alles dem Vater berichten werde, was übrigens nie geschah oder nur sehr selten, da sie ihren großartigen Mann nicht mit solchen Belanglosigkeiten belästigen wollte.

Der Vater, der ihr gegenübersaß, rückte seine elegant, etwas schräg übergeschlagenen langen Beine, einige Zentimeter zur Seite, um seiner Tochter ein wenig Platz zu machen und strich sorgfältig die Bügelfalten seiner Hose glatt. Er hob den Blick über den Zeitungsrand und sah sie einen Moment gedankenverloren an. Die lästige Erinnerung an die letzten Tage hatten ihn von der Lektüre abgehalten.

Er hatte einige Tage frei nehmen müssen, um sie nach Neapel zu begleiten. Seine Frau hatte ihn mit Schmeicheleien und besonderen Aufmerksamkeiten zum Nachgeben gedrängt – er lächelte wohlgefällig – und er hatte ihr nachgeben müssen. Allerdings ohne jegliche Überzeugung, wie er betonte, nicht etwa, weil er verstanden hatte, dass die Tochter nicht genügend vorbereitet war. Ihn hatte die ganze Geschichte an und für sich nicht überzeugt. Seine Frau hatte aber mit dem Argument insistiert, dass sie der Tochter einen Beruf mitgeben wolle. Mit diesem unansehnlichen Gesichtchen – ohne den Charakter, der sich schon zeigte zu berücksichtigen – würde es nicht leicht werden einen Mann für sie zu finden. Nicht selten hatte er sich gefragt, wem die arme Kreatur ähnlich sähe.

Obwohl die sogenannten Nachkriegsjahre mittlerweile weit zurücklagen, waren die Züge die von früher geblieben: alt, heruntergekommen, überfüllt. Stinkend. Und dann Neapel. Gott bewahre! Er liebte diese chaotische Stadt nicht, in der er in jedem Passanten einen Gauner, bereit ihm die Geldbörse aus der Tasche zu ziehen, vermutete. Und der ganze Rest: das Kloster, in dem das Mädchen untergekommen war, die Nonnen mit den Augen voller Erbarmen und dem falschen Lächeln auf den Lippen, das Gasthaus, in dem er schlimme Nächte im Kampf mit den Flöhen verbracht hatte. Und trotzdem, obwohl er so sparsam wie möglich gewesen war, musste er, nachdem er schnell nachgerechnet hatte, feststellen, dass ihn dieses dumme Abenteuer eine schöne Stange Geld gekostet hatte. Ohne einen Beitrag der Schwiegermutter sei nichts zu machen, hatte er vor der Abreise erklärt. Die Alte hatte sich nicht lumpen lassen (sozusagen alt, da sie beinahe gleichaltrig waren) und hatte das Geld für die Fahrkarten herausgerückt und auch etwas für die anderen Spesen dazugelegt. Die Schwiegermutter, er musste es eingestehen, war ein guter Mensch; andererseits, da sie die dummen Wunschvorstellungen der Tochter unterstützte, war es nur richtig, dass sie sich beteiligte.

Während er weiter diesen Überlegungen nachhing, hatte er nicht aufgehört verstohlen die Tochter zu beobachten. Ein trauriges Gesichtchen, verschlossen wie eine Faust. Er hatte einen Anflug von Mitleid. Wäre sie zumindest hübsch gewesen, wenn nicht gar schön, wäre sogar ihr Unglück erträglicher gewesen, aber so ...

Er versuchte nicht einmal eine kleine Bemerkung zu machen, eine Lappalie über das Wetter, über den Zug, eine beliebige Banalität, wie es die Frauen machen, um irgendetwas zu sagen. Wer weiß, warum er sich von einer Art Verbot gehemmt fühlte: dieses Kind verursachte ihm Unbehagen, es verblüffte ihn. Nie hatte er diese seine Gefühle seiner Tochter gegenüber bemerkt. Während dieser gemeinsam verbrachten Tage – es war das erste Mal, dass er mit seiner Tochter alleine war – hatte er kein Wort mehr als notwendig gesagt. Hätte er nicht irgendwelche Fragen wie: Hast du Hunger?, Um wie viel Uhr musst du im Konservatorium sein? und dergleichen angebracht, wäre er imstande gewesen die ganze Zeit zu schweigen; eine drückende Stille, auf irgend eine Weise voller Anklagen: Anklagen wofür? Er war überzeugt immer seine Pflicht als Vater getan zu haben. Er hatte sie ernährt, gekleidet, in die Schule geschickt und hatte auch das Klavierstudium finanziert ... er erinnerte sich sofort an die ständigen Beiträge der Schwiegermutter.

Na gut, aber im Grunde hatte er es genehmigt.

Ein kleines negatives Wesen, das war seine Tochter und überheblich, unzugänglich und voller Ablehnung hauptsächlich ihm gegenüber. Er ärgerte sich; was hatte er mit alledem zu schaffen? Es war nicht leicht, Mitleid mit ihr zu haben. Sicher, sie war eine nachtragende Kreatur, sogar in ihrer Traurigkeit. Gab sie etwa ihm die Schuld, sie nach Neapel gebracht zu haben? Mit der Mutter hätte sie sich anlegen müssen, nicht mit ihm.

Dann dachte er, dass er sie nie angerührt, gestreichelt hatte. „Darf ein Vater seine Tochter streicheln? Ist das nicht etwa unmoralisch?", er zuckte zusammen. „Was geht mir da durch den Kopf?" Er hob die dichten Augenbrauen und ein anderer Gedanke kam ihm in den Sinn: Er erinnerte sich nicht einmal, wann sie geboren war. Diese Tochter war ihm fremder als er sich bewusst war. Er sah sie nur beim Essen, wusste, dass sie Elena hieß, dass sie zur Schule ging, aus der Not heraus Klavier studierte, da er manchmal das lästige Hämmern auf den Tasten gehört hatte, weiter wusste er nichts. „Was kann ein Vater von den eigenen Kindern wissen? Angenommen, es gäbe etwas zu wissen ...", überlegte er mit einer gewissen Überheblichkeit.

Seine Frau wagte nicht ihn mit Familienangelegenheiten zu belästigen und das war richtig so.

Beim Gedanken an diese kleine Frau, die nach achtzehn Jahren Ehe immer noch in ihn verliebt war, huschte ein Lächeln geschwind über seine dicken, aufgeworfenen Lippen. Der Gedanke an die junge Ehefrau heiterte ihn auf: Diese Ehe war die Krönung seines Lebens gewesen. Bereits vierzigjährig war es ihm gelungen ein Mädchen von gerade einmal sechzehn Jahren zu erobern, ein richtiger Glücksfall. Ohne lange zu überlegen und gegen den Willen der gesamten Verwandtschaft hatte er sie im Handumdrehen geheiratet. Ein Entschluss, den er nie bereute, auch nicht für einen Augenblick. Seit Kurzem Witwer, kinderlos, war ihm nicht nach einem Junggesellenleben gewesen, ohne zu berücksichtigen, dass das Mädchen sein Blut in Wallung gebracht hatte. Ja, er musste es zugeben, für sie wäre er auch bereit gewesen, seine Frau, Gott hab sie selig, zu betrügen. Er war gerührt bei der Erinnerung an das schüchterne Mädchen, das ihn mit einer Art Bitte in den Augen angeschaut hatte. „Hexe", dachte er, „sie schaut mich immer noch so an".

Er war ihr bei der Beerdigung seiner ersten Frau begegnet – in dem Gedränge der Verwandten waren ihm sofort dieses Gesichtchen und die großen schwarzen Augen aufgefallen, die die seinen suchten. Daraufhin fand er heraus, dass sie die Tochter eines entfernten Cousins war, den er aus

Gründen, an die er sich nicht einmal erinnern konnte, aus den Augen verloren hatte, ein unschuldiges und vor allem sehr junges Mädchen, beinahe ein Kind. Aber ihre Augen waren nicht die eines Kindes und die Art, ihn anzusehen auch nicht, das hatte er sofort erkannt. Da war etwas Undefinierbares, eine Sehnsucht, die nur ein richtiger Mann verstehen konnte. Und er war ein richtiger Mann.

Etwas, das seine Tochter nicht hatte: Augen ohne Lebendigkeit, ohne Ansprüche und noch weniger Versprechen. Scheinbar leblose Augen, die jedoch ein beträchtliches Maß an Sturheit nicht verbergen konnten. Die 'Fimmina' in ihr war noch nicht erwacht, und er dachte: würde sie jemals erwachen?

Nach einer gewissen Zeit, nicht sehr lange, um ehrlich zu sein, hatte er beschlossen sie zu entführen, dieses unschuldige Mädchen, er hatte keine andere Wahl angesichts der negativen Reaktion der beiden Familien: der Altersunterschied, die Beinaheverwandtschaft, wenn auch eine sehr entfernte, und schließlich ... schämte er sich nicht, seine Blicke auf ein Mädchen zu werfen, das seine Tochter hätte sein können? Was würden die Leute sagen? Und er hatte nicht die Absicht, die Zeit der Trauer seiner kürzlichen Witwenschaft einzuhalten. In seinem Alter, immer die Sache mit dem Alter, als wäre er ein alter Trottel ... wohingegen er das Gefühl hatte, die Begierden von Frauen mit ganz anderer Erfahrung befriedigen zu können, und nicht nur die eines jungen Mädchens ohne Ahnung! Sehr höflich, nach einer weiteren Absage der Familie, schickte er ihr eine sehr lakonische, aber klare Nachricht: Er fragte sie einfach, ob sie mit ihm fortgehen wolle. Sie antwortete sofort mit einer noch lakonischeren Nachricht: Sie schrieb nur „Ja". Es folgte die klassische 'fujuta', die Flucht des Liebespaares, die romantischer nicht hätte sein können. Er lächelte bei der Erinnerung daran. In den Augen seiner Frau war er immer noch und immer wieder ein Held aus einem Comicroman, edel und gut aussehend, auch wenn die Nase von beeindruckender Größe seine ansonsten alles andere als vulgären Gesichtszüge entstellte. Aber er war sehr stolz auf diese Nase, denn er betrachtete sie als ein Attribut, das seine Männlichkeit hervorhob oder vielmehr unterstrich. Und auch seine Frau war überzeugt, dass diese Nase ihm Bedeutung und Würde verlieh. Schließlich bewunderte sie diese Laune der Natur als ein besonderes Merkmal ihres Mannes, eine Art Feder am Hut, eine notwendige Verzierung über dem großen schwarzen Schnurrbart, der die sinnliche Form seiner Lippen betonte.

Er war groß, eitel, stets mit übertriebener Sorgfalt gekleidet – seine Frau bügelte ihm die Hosen jeden Morgen bevor er aus dem Haus ging – und hatte eine aristokratische Ausstrahlung, die vor allem in ihr sehr romantische Gefühle weckte. Selbst wenn sie es gewollt hätte, wäre es ihr nicht gelungen irgendeinen Fehler an ihm zu sehen; nie hätte sie ihn mit irgendeinem anderen Mann aus ihrer Bekanntschaft vergleichen können; er war über jede Kritik, jedes Urteil erhaben; jedes seiner Worte ein Orakel, eine absolute, unbestreitbare Wahrheit, ein Gesetz, das zu befolgen war. Sie selbst hielt sich für unbedeutend und mit diesem großen Mann zu leben, war ein unverdientes Geschenk, das er ihr Tag für Tag machte.

Das Mädchen ihm gegenüber hatte sich nicht bewegt, seit sie in den Zug gestiegen waren. Es schien versteinert.

Es hatte sich geweigert das belegte Brot zu essen, das er ihr vor der Abfahrt gekauft hatte. Es hatte nur mit einer leichten Kopfbewegung abgelehnt, ohne ihn auch nur anzusehen. Den Mund konnte es nicht öffnen, er schien zugeklebt, versiegelt. Angesichts des übertriebenen Preises des belegten Brotes, aß er es schließlich selbst.

Er stieß einen leichten Seufzer der Enttäuschung aus und senkte seinen Blick auf die Zeitung, um sich dem Blick des kleinen Mädchens zu entziehen. Die ersten Zeilen hüpften ihm völlig sinnlos vor den Augen herum. Aber es war nur ein Augenblick. Die Verbrechens- und Unfallmeldungen ließen ihn seine Tochter, seine Frau und alles andere vergessen; endlich in seiner Welt, versank er in die Lektüre der Zeitung, nicht ohne etwas Unverständliches gemurmelt zu haben, so als wolle er sich für immer von den Scherereien des Alltags verabschieden.

Elena

Elena sah mit ihren dreizehn Jahren wie zwölf oder jünger aus. Sie war mager, klein und irgendwie unfertig, noch unentschlossen, ob sie wachsen solle oder nicht. Es gab nichts Hübsches oder Besonderes an ihr. In einer Gruppe von Mädchen in ihrem Alter wäre sie niemandem aufgefallen, vielleicht wegen der anonymen Art, in der ihre Mutter sie kleidete, wegen des Haarschnitts (den ihr ihre Großmutter mütterlicherseits immer noch, wie in ihrer frühen Kindheit besorgte) und wegen des ganzen Rests. Litt sie darunter? In ihrer Klasse gab es einige Mitschülerinnen, die eine schwarze Satinschürze mit dem neuesten modischen Repskragen – selbst der Kragen einer Schulschürze gab Aufschluss über den sozialen Status oder den Entwicklungsstand einer Familie – und darunter sehr elegante, modische Kleidchen trugen, ganz zu schweigen davon, dass sie, sobald sie die Schule verließen, die Schürze ablegten und schon kleine Damen waren, die sich zeigen wollten. Aber sie galten als kokett ... 'Culumbrini!'[1]

Ein wenig beneidete sie sie, weil sie schön, elegant, selbstsicher aber auch arrogant waren, mit einer Haltung der Überlegenheit ihr gegenüber, da sie in den besseren Vierteln wohnten. Was konnte sie dem außer ihr Klavierspiel entgegensetzen, das übrigens von diesen Mädchen mit einer gewissen Herablassung betrachtet wurde? Jetzt, nach diesem Misserfolg, würden sie noch mehr als vorher von oben auf sie herabschauen.

---

[1] Käuzchen

Sobald sie die Wohnung betraten, rief Nello mit unverhohlener Genugtuung aus seinem Zimmer: »Du hast vier Nachprüfungen!« Elena blieb versteinert stehen und nach einem Moment der Ungewissheit rannte sie in ihr Zimmer, warf sich aufs Bett und weinte untröstlich, dem Meer von Tränen freien Lauf lassend, die sie in den letzten vierundzwanzig Stunden nur mit Mühe zurückgehalten hatte.

Einige Tage später wurde ihr, immer von ihrem Bruder, mitgeteilt, dass sie, weil zu dumm, nicht mehr zur Schule gehen würde.

» Die Schule ist nur für intelligente Menschen da!«, fügte er überheblich hinzu. Es war Vaters Entscheidung. Da der keine Zeit hatte, um selbst hinzugehen, oder vielleicht weil er die Sache nicht für wichtig genug erachtete, um wiederum um einige Freistunden zu ersuchen, hatte er den gerade einmal siebzehnjährigen Sohn beauftragt, sich mit dem Italienischlehrer Elenas zu beraten. Das Urteil war mehr als negativ, es war niederschmetternd: „Wie übrigens alle Mädchen ist Elena nicht für das Studium geschaffen. Alle Frauen sollten zu Hause bleiben und die Neuigkeit, studieren zu wollen bleiben lassen; wozu denn auch? Wir alle wissen doch, dass sie bloß zum Zeitvertreib zur Schule gehen und vielleicht noch, um einen Mann zu suchen. Es wäre besser, sie würden zu Hause bleiben und die Hausarbeit lernen, die gewiss nützlicher für die zukünftigen Aufgaben als Ehefrauen und Mütter wären."

Nello war mehr als zufrieden mit diesem Bescheid; er war seit langem derselben Meinung.

Elena protestierte, heulte, bettelte. Die Mutter schritt nicht ein. Auch sie hatte nur den Grundschulabschluss und hatte nie den Eindruck gehabt etwas versäumt zu haben. Es war richtig, dass die Männer zur Schule gingen – und sie hielt es auch nicht für nötig, den Grund dafür zu erklären –

für eine Frau handelte es sich bloß um vergeudete Zeit. Man hatte es immer so gemacht und um die Kinder großzuziehen, brauchte es keinerlei Bildung. Das war ihre Meinung. Besser einen Beruf erlernen. Eines Tages könnte er ihr für ihren Unterhalt nützlich werden, sollte sie ledig bleiben.

Es war ein langer, sehr langer Sommer, heiß (oft überschritt das Thermometer die vierzig Grad) und voller Angst. Elena schlitterte von einem Gemütszustand in den anderen; jede kleine Wetterveränderung, jedes vorbeiziehende Wölkchen oder auch nur die frische Morgenluft versetzte sie in Aufruhr. Sie sah darin die ersten Anzeichen des Herbstes und mit ihm den Schulbeginn. Sie konnte immer noch nicht glauben, dass sie zu Hause bleiben musste. Jeden Tag hoffte sie, dass etwas geschehen möge, dass zumindest die Großmutter einschreiten würde und ihr die Nachhilfestunden für die Nachprüfung bezahlen würde oder auch nur den Vorschlag machen könnte, das Jahr zu wiederholen. Alle ihre Bitten wurden aber sei es von der Mutter, sei es von der Großmutter mit einem Achselzucken quittiert. Vater hatte so entschieden. Die Schule war für Männer nützlich, das war klar. Da gab es nichts zu diskutieren.

Ihre Gedanken waren oft bei der Schule. Ihre Schulkameradinnen würden ihre Abwesenheit bemerken, sie sah ihre leere Schulbank und die Augen füllten sich mit Tränen. Im Übrigen reichte der kleinste Tadel, ein Nichts, damit sie zu weinen begann, die Tränen immer bereit überzufließen.

Am ersten Schultag, nicht mehr imstande die Anspannung der letzten Septemberwochen zu ertragen, erkrankte sie, beziehungsweise blieb sie im Bett und sagte, sie sei krank. Sie weigerte sich zu essen, hörte auf zu sprechen. Am Morgen, wenn Nello aufstand, um zur Schule zu gehen, verbarg sie den Kopf unter dem Kissen und presste es auf ihre

Ohren, um das Schlagen der Tür nicht zu hören, wenn er aus dem Haus ging und sie folgte ihm dann in Gedanken, zählte die Schritte und sah jeden Baum längs der Straße wieder, jedes Gartentor, jedes Mäuerchen, jeden Stein, jedes Schlagloch; ein Weg, den sie jahrelang, Tag für Tag, zu jeder Jahreszeit, bei Regen, Wind und Sonnenschein zurückgelegt hatte. Sie sah ihn in die Straßenbahn steigen, zählte die Haltestellen, wusste, wann er aussteigen würde, kannte den Augenblick, in dem er die Klasse betreten würde, das Geschrei der Klassenkameraden ... und hasste ihn, sie hasste ihn wutentbrannt. Sie hätte ihn umgebracht. Eigenartigerweise gab sie ihm die Schuld an ihrem Schulabbruch und nicht dem Vater. Sie bemerkte, ihn immer schon gehasst zu haben, von klein auf, sogar schon seit den ersten Kindheitserinnerungen.

Die Mutter ließ ihren Gatten auch in dieser Situation im Ungewissen und hoffte von Tag zu Tag, dass die Tochter wieder in die Normalität zurückfinden würde. Nach mehr als einer Woche beschloss sie einen Arzt kommen zu lassen.

Es kam ein kleiner Mann in den Vierzigern, mit einem kahlen Kugelkopf, kurzen Armen, kleinen, plumpen Händen. Er sah aufgedunsen aus, etwas schlampig, sein Hemd war nicht sauber, seine Hose ungebügelt – die Mutter bemerkte es sofort. Sachkundig betastete er ihre Stirn, öffnete ihre Augen, um ihre Pupillen zu betrachten, und fragte dann vorsichtig: »Was ist los? Was fühlst du? Zieh dich aus.«

Ohne zu verstehen, was mit ihr geschah, zog sich Elena aus und stand nackt vor dem Fremden. Sie glühte vor Scham, aber das war nur der Anfang. Ohne ersichtliche Notwendigkeit tastete der Arzt die Ansätze ihrer Brüste ab, Knospen, kurz vor dem Aufblühen, fasste sie an, drückte sie mit der Hand, als wolle er ihre Konsistenz testen. Er starrte ihr gleichgültig in die Augen, stumm, vielleicht, um ihre Reaktionen zu beobachten. Die anwesende Mutter wagte nicht zu protestieren, sie schluckte nur, verlegen, weil sie nicht wusste, wie sie reagieren sollte. Der Arzt fuhr fort, sie von allen Seiten abzutasten, legte sein Ohr auf ihre Brust, um sie abzuhören, ohne dabei aufzuhören, sein Gesicht über ihre kleinen Brüste zu streifen. Er richtete sich auf, wobei er immer noch eine gewisse Haltung bewahrte, und nachdem er seine Krawatte zurechtgerückt hatte, fast so, als wolle er sich in Ordnung bringen, sagte er: »Es ist nichts, du bist gesund wie ein Fisch.«

Er kassierte sein Honorar und ging.

Elena war noch nie in ihrem Leben so entwürdigt worden: Sie fühlte sich gedemütigt, beschmutzt, verhöhnt. Sie stand auf und wusch sich von Kopf bis Fuß und weinte vor Scham. Ihre Mutter ging fassungslos um sie herum, ohne ein Wort zu sagen, ebenfalls zutiefst verstört, die Tränen in den Augen und fühlte sich schuldig, diesen Arzt, den sie nicht kannte, gerufen zu haben, ohne sich mit ihrem Mann abgesprochen zu haben.

Sie sprach nie über diese Visite, sie löschte sie aus ihrem Gedächtnis. Elena hingegen konnte sie nie vergessen. Jedes Mal, wenn sie irgendetwas an diese Szene erinnerte, fühlte sie eine Übelkeit verbunden mit dem Drang zu töten aus dem Magen aufsteigen.

Ihre Mutter, vielleicht um den Schaden zu beheben oder um ihr zu helfen das Unwohlsein zu überwinden, das langsam begann, ihre Gesundheit ernsthaft zu bedrohen, bat sie demütig, wieder mit dem Klavierspiel zu beginnen. Seit Monaten hatte Elena das Klavier nicht mehr angerührt, ja sie lief um das Instrument herum und betrachtete es wie einen Feind, wie einen gefährlichen Hund.

Der Vorschlag wieder zu spielen zu beginnen überraschte sie nicht, im Gegenteil, sie hatte ihn erwartet, ein Wunsch vermischt mit einer Art Unruhe und auch Zorn, da sie die Mutter für ihren Misserfolg verantwortlich machte. Endlich konnte sie ihr das Urteil der Kommission, die sie in Neapel geprüft hatte ins Gesicht schleudern: keine technischen Kenntnisse, Amateurhaftigkeit, mangelnde Professionalität des Lehrers, der sie vorbereitet hatte.

Die Mutter war nicht beleidigt. Sie hatte selbst ein Jahrzehnt lang mit einer Lehrerin Klavier gespielt, die davon vielleicht gleichviel Ahnung hatte wie sie. Sie hatte niemals eine Prüfung abgelegt, sie hatte keinerlei technische Kenntnisse, keine Methodik.

Sie sagte, dass sie einen guten Lehrer für sie finden werde, doch das Problem war, wie ihn bezahlen? Elena, die mit der Absicht gestartet war, sie zu verletzen, ihr Weh zu tun, wurde sofort von dieser Demut, von so viel Unzulänglichkeit entwaffnet; es wäre gewesen, als würde sie sich mit einem Kind anlegen, das erst wenige Jahre alt war. Zum ersten Mal spürte sie konfus, dass sie etwas Flüchtiges, Unbeständiges vor sich hatte, nicht eine Mauer wie ihren Vater, sondern eine offene Tür in die Leere. Die Mutter war weniger als ein Gedanke, weniger als ein Gefühl. Sie war einfach ein Nichts. Und sie verachtete sie von Herzen.

Einmal hatte sie sie wie ein Kind auf den Knien des Vaters sitzend überrascht, nicht wie eine Frau, die zu verführen sucht, sondern wie ein Kind, bedürftig nach Zuspruch, Schutz, Zärtlichkeiten. Sie schluchzte verzweifelt, stotterte zusammenhangslose Worte, um sofort wieder über die Worte zu lachen, die ihr der Mann ins Ohr flüsterte. Sie war davongerannt, um nichts mehr zu sehen und nicht gesehen zu werden, beunruhigter als hätte sie einer Liebesszene beigewohnt. Sie hatte gesehen, wie der Vater eine Hand unter das Kleid der Mutter gleiten ließ und das Lachen, dieses seltsame Glucksen vor Lust, das darauf folgte hatte sie verwirrt.

Bereits seit einiger Zeit hatte sie beobachtet, wie die Mutter, nachdem sie die tägliche Aufgabe den Klavierdeckel zu schließen erledigt hatte, sich plötzlich müde in ihr Zimmer zurückzog. Dort ließ sie sich angekleidet aufs Bett fallen, über ein leichtes Unwohlsein klagend oder eine große Müdigkeit oder wer weiß über welch anderes Unglücklichsein. Ihr Mann, mittlerweile an dieses Spiel gewöhnt, machte sich, sowie er nach Hause kam, sofort auf die Suche nach seiner kleinen Frau und mit Liebkosungen und zarten Worten gelang es ihm die Wolken zu vertreiben, die für einen Moment seinem kleinen Mädchen die Augen verfinstert hatten: ein Spiel, das sich mittlerweile seit Jahren wiederholte.

Die Kinder lachten einerseits darüber, andererseits waren sie verärgert, immer verwirrter. In dieser ausschließlichen, symbiotischen Liebe gab es keinen Platz für andere Interessen oder Personen, schon gar nicht für die Kinder, die, als störende Elemente auf die Seite geschoben, darauf reagierten, indem sie sich voneinander abgrenzten, in einen undurchsichtigen Wettbewerb um eingebildete Prioritäten traten und sich bis zu dem Punkt entfremdeten, dass sie weder andere noch sich selbst akzeptierten. Der Verbindung jener beiden Personen war nicht eine Familieneinheit entsprungen, keine Beziehung zwischen vier Menschen: Da war auf der einen Seite ein Paar ewig Jungvermählter auf Hochzeitsreise, auf der anderen zwei Kinder, die störten, später aber zwei rebellierende Heranwachsende, orientierungslos, aber in erster Linie sich selbst überlassen.

Das einzig wirkliche Kind in diesem Haus war immer die Mutter, die wahre und einzige Tochter jenes Vaters.

Sowie Nello das Haus verließ, um zur Schule zu gehen, begann sie wieder, beinahe aus Verzweiflung, jeden Morgen zu üben und hörte erst kurz, bevor er zurückkam, auf. Sie setzte sich ans Klavier immer betrübt und sowie sie die ersten Takte der Zweistimmigen Inventionen in E Moll von Bach anschlug, begannen die Tränen derart reichlich zu fließen, dass sie die Noten nicht mehr sehen konnte; eine Welle der Traurigkeit übermannte sie. Diese Klänge weckten in ihr Echos verflossener, trauriger Stimmen, wie ein wortloses Wehklagen in einem fortgesetzten In-sich-selbst-Zusammenfallen, einem Wiederauftauchen, um immer tiefer zu sinken.

Mozart vermochte sie aufzuheitern, jedoch nur oberflächlich. In Wirklichkeit fand sie auch dabei Anlässe der Trostlosigkeit, der Einsamkeit.

Mitte November gelang es der Mutter, immer mit Hilfe des pensionierten Violinisten, einen Termin mit dem großen Maestro Silvestri zu vereinbaren, der zwar bereits sehr alt, aber immer noch dafür bekannt war, Generationen von Pianisten, einige von internationalem Ruf, ausgebildet zu haben.

Maestro Silvestri war groß, sehr mager, mit dem Gesicht eines Asketen, eingerahmt von langem, schütterem weißen Haar à la Franz Liszt. Er trug eine elegante, dunkelrote Samtjacke; seine Hände mit den dünnen, langen, dürren Fingern flatterten ununterbrochen durch die Luft, beinahe zwei sonderbare, verirrte Vögel. Er setzte sich hinter sie in einen alten dunklen Ledersessel, der schon bessere Zeiten gesehen hatte. Wer weiß, wie viele Jugendliche voller Erwartungen hatten, bange vor Ehrfurcht sich in diesem Raum zu befinden, und wie sie jetzt auf dieser Bank sitzend, auf das Urteil gewartet, das mehr oder weniger ihr zukünftiges Leben bestimmen würde. Der Maestro blieb seltsam aufrecht sitzen, die edlen Hände jetzt auf den Knien ruhend, wie der Pianist auf der Bühne eines großen Konzertsaales, kurz bevor er die Tasten berührt. In jeder seiner Bewegungen war etwas Körperloses, Spirituelles, und er hatte die Durchsichtigkeit der Geister oder vielleicht auch deren Diskretion. Freundlich, mit tiefer Stimme bat er sie die G-Dur Tonleiter mit der zugehörigen Molltonart und dem Arpeggio zu spielen. Elena hatte ihre ganze Aufmerksamkeit auf Bach und Mozart gerichtet. Seit Monaten hatte sie keine Tonleitern mehr geübt. Sie begann mit zitternden Händen. Die Tränen brannten ihr schon hinter den Lidern. Sie vertat sich mehrmals. Der Lehrer gab keine Kommentare von sich. Nach einem Augenblick der Unentschlossenheit fuhr sie mit den vorbereiteten Stücken fort. Auch hier absolutes Schweigen. Der Lehrer saß immer noch aufrecht da, die Hände auf den Knien, die Augen geschlossen, schien er in eine eigene, nur aus Klängen gemachten Welt versunken. Von den leichten Bewegungen der Augenbrauen, von den Falten, die sich auf seiner Stirn formten oder entspannten, von den Nasenflügeln, die je nach Rhythmus oder musikalischem Ausdruck vibrierten oder erschlafften, konnte man die Intensität, mit der er dem Mädchen zuhörte, erahnen.

Der im Halbschatten daliegende Raum, die völlig zugezogenen Vorhänge, um trotz des frühen Nachmittags auch nicht einen Lichtstrahl eindringen zu lassen, und die gesamte drückende, von den sogar auf dem Fußboden aufgetürmten Büchern staubig gewordene Atmosphäre wirkte einschläfernd.

Endlich spielte sie den letzten Akkord. Das Schweigen des Maestro und die Intensität seines Zuhörens, die Dunkelheit des Raumes, gerade einmal vom Schein einer Lampe neben dem Klavier soweit erhellt, um die Noten lesen zu können, der Friede, der um sie herum herrschte, hatten eine beruhigende Wirkung gehabt. Sie spielte konzentriert, verfolgte und interpretierte mit großer Sensibilität den musikalischen Gedanken.

Nach sehr langem Schweigen flüsterte der Maestro, beinahe so als spreche er zu sich selbst: »Musikalisch. Einfühlsam. Absoluter Mangel an Technik. Zu kleine Hand für eine eventuelle Pianistenkarriere. Kann sich aber mit guter Übung noch entwickeln. Es braucht einen guten Lehrer.«

Er schloss für einige Minuten die Augen. Er schien eingenickt zu sein. Die Mutter begann bereits sich nervös auf ihrem Stuhl zu bewegen, unsicher, ob sie aufstehen oder warten sollte. Der Maestro sprach erneut, dieses Mal mit lauter Stimme: »Ich habe einen jungen Schüler, der eine schöne Konzertkarriere macht. Schauen Sie, ob er Zeit hat. Sagen Sie ihm, dass ich Sie empfehle.«

Sein Honorar belief sich auf dreitausend Lire. Ein auf jeden Fall zu hoher Preis. Verwirrt verließen sie das Haus.

Unterwegs wiederholte die Mutter: »Musikalisch. Keine Technik. Was soll das heißen? Dreitausend Lire. Kleine Hand, aber sie kann sich entwickeln. Dreitausend Lire. Wie viel wird dieser junge Lehrer verlangen? Deinem Vater werde ich nichts erzählen. Woher so viel Geld nehmen? Vielleicht kann die Großmutter helfen.«

Ein wenig hörte Elena zu, ein wenig träumte sie: Er hatte gesagt, dass sie musikalisch, feinfühlig sei. Keine Technik. Was meinten sie alle mit Technik? Auch in Neapel hatten sie von Technik geredet, aber niemand hatte erklärt, was das sei. Gewiss, sie hatte die Tonleiter wie eine richtige Anfängerin gespielt und sich bei jedem Fingerwechsel vertan, mit falschem Anschlag und dem ganzen Rest. Technik bedeutete, Tonleitern nahtlos, korrekt und schnell zu spielen? Nach langem Grübeln beschloss sie schließlich, jeden Tag mindestens eine halbe Stunde Tonleitern zu üben. Aber eine neue Hoffnung tauchte auf, ein Schimmer, ein Aufflackern der Freude, etwas, das sich nicht zu manifestieren wagte.

Einige Wochen darauf stellte sie sich dem neuen Lehrer vor. Dieses Mal schützte die Mutter einige Ausreden vor, um sie nicht begleiten zu müssen. Er wohnte zwanzig Minuten entfernt von ihnen, und sie hatte keine Lust mehr, sich Vorträge wie jene des Maestro Silvestri anzuhören. Das Geld für den Unterricht hatte die Großmutter mütterlicherseits großzügig gespendet. Sie hatte ihr eigenes und konnte darüber verfügen, wie sie wollte, außerdem war sie der Meinung, dass das Mädchen gut daran täte, sich weiterzubilden. Ein ehrbarer Beruf würde ihr eine unabhängige Zukunft ermöglichen, zumindest in finanzieller Hinsicht, was nicht zu unterschätzen sei.

Nello

Im darauffolgenden Jahr machte Nello sein Abitur mit Bravour. In den letzten Monaten vor den Prüfungen wurde er gesehen, wie er in den Schulbüchern blätterte, eine derartige Neuheit, dass man im Hause auf Zehenspitzen ging. Niemand wagte den Mund aufzumachen. Elena, obwohl sie die Nachprüfung des fünften Jahres für den Herbst vorbereitete, wurde jedes Mal, wenn sich der Bruder in sein Zimmer zurückzog von der Mutter gebeten, darauf zu verzichten das Klavier anzurühren.

Der Vater war außer sich. Euphorisch, stolz, aufgeplustert wie ein Truthahn, sagte nur: »Mein Sohn!«, und senkte seine Stimme in die tiefsten Lagen, sich große Bedeutung beimessend. Er blähte dann seine große Nase auf, die beeindruckende Ausmaße annahm, während seine an sich hageren Wangen länger wurden und sich in einer Haltung des Hochmuts und der Hochnäsigkeit aufblähten, die an Lächerlichkeit grenzte. Er redete von seinem Sohn, als handle es sich um ein Genie. Der Erste, der sich darüber lustig machte, war Nello; gewiss nicht an derartige väterliche Anerkennung gewohnt, begann er ihn in offensichtlicher Verachtung nachzuäffen, indem er sein Kinn so weit als möglich nach unten zog, um die ernste Stimme eines reifen Mannes nachzuahmen.

Kaum der Pubertät entflohen, bewahrte sich seine Stimme etwas Feminines, Unentschlossenes, etwas zwischen hell und dunkel und hatte nicht jenen männlichen, tiefen Klang, den er unbewusst an seinem Vater bewunderte. Er hatte im Gegenteil eine schrille Stimme, die jedes Mal, wenn er mit einer gewissen Aufregung sprach, Gefahr lief sich zu überschlagen, was ihm angesichts seines leidenschaftlichen Charakters ziemlich oft passierte.

Nello war ganz plötzlich gewachsen; beinahe von einem auf den anderen Tag erreichte und überschritt er 'einsneunzig' um einige Zentimeter. Äußerst mager, große, schwarze, längliche Augen mit einem Schmachten, dessen er sich nicht bewusst zu sein schien. Von der Kindheit hatte er sich etwas Verächtliches, Bitteres bewahrt, das im Kontrast zur, für dieses Alter typischen, Melancholie stand. Diese Mischung aus Traurigkeit und Ironie verblüffte und faszinierte aber seine Gesprächspartner. Gerade einmal achtzehn, war er überzeugt alles zu wissen. Ein ständiges Wiederholen von überflüssigen Worten, von banalen sich wiederholenden Gedanken, die sich in der Unendlichkeit verloren; und dann niederträchtige Aktionen, die nur die primitivsten, bestialischsten Instinkte zu befriedigen suchten, die einzigen, die auch für die nobelsten Männer zählten. Der Rest: Rauch, Nichts.

Er würde keine Zeit mit Kämpfen vergeuden, würde sich nicht in unangemessenen Anstrengungen verausgaben, um allen gemeinsame Ziele oder Ideale zu erreichen. Er würde sich von der Strömung treiben lassen, ohne einzugreifen, er würde keinen Widerstand leisten, würde keinen Illusionen nachjagen, er würde sich nicht mehr als nötig anstrengen, egal welche Aktion er für sein Überleben hätte unternehmen müssen.

Hatte diese träge Haltung in einem ersten Moment auch die Neugierde und die Bewunderung seiner Altersgenossen geweckt, verärgerte sie schließlich vor allem die, die sie am meisten begeistert hatte, die, die vor Ungeduld zu leben bebten, die Welt zu erobern und sie, wenn möglich, zu verändern. Seine zweideutige, spöttische Art, seine anzüglichen, giftigen Scherze, die eher darauf abzielten zu verletzen als lächerlich zu machen, waren gleichzeitig gefürchtet und von allen hoch geschätzt, so dass sie von Mund zu Mund gingen und die unterschiedlichsten Gefühle auslösten. Bewundert und gehasst, wegen seiner lebhaften Intelligenz, wegen seiner Kultur geschätzt, die er bei jeder Gelegenheit zur Schau stellte, eher um den Gegner zu erdrücken als aus intellektuellem Bedürfnis, isolierte Nello sich schließlich selbst. Die Zahl seiner Freunde schrumpfte von Tag zu Tag, zum Teil auch auf seinen ausdrücklichen Wunsch; er hielt sie alle für Idioten, aber auch, weil er von seinen Opfern gemieden wurde. Und alle wurden früher oder später zu seinen Opfern. Die wenigen, die ihm die Stirn bieten konnten und mit denen er sich täglich zu hoffnungslosen Pokerpartien traf („wir schlagen die Zeit tot"), nahmen ihn allmählich nicht mehr ernst, amüsierten sich nicht mit seinen Anklagen den Vater oder die Väter im Allgemeinen betreffend, die bürgerliche Gesellschaft, die Staatsbeamten, die Karrieristen, allesamt käuflich; aber auch die Studenten und die Intellektuellen verschonte er nicht, mit einem Wort, die ganze Welt, wie sie war, ohne Ausnahme. „Du wiederholst dich", so der müde Kommentar seiner Freunde. Schließlich warf er die Karten auf den Tisch und erklärte, er langweile sich. Sie verließen das Haus, um eine *Schiacciata ca tuma*, das heißt eine mit für Catania typischem Käse gefüllte Pizza zu besorgen, die er besonders mochte und er schlug sich auf widerwärtige Weise den Bauch voll. »Ich habe mich vollgestopft«, sagte er angeekelt, die Lippen schmierig vor Fett, deprimiert von der eigenen Gier.

In jeder seiner Gesten lag ein Unterton des Protests gegen die bestehende Ordnung, gegen die guten Manieren, gegen alles und jeden, vor allem aber gegen sich selbst, was die ermüdete, die ihm nahestanden. Er hatte längst seine überlegene Art abgelegt, die die Schwester und die Familie irritiert hatte, um sich eine noch besorgniserregendere zuzulegen: Er war willenlos, resigniert geworden.

Trotzdem, wenn auch ziemlich selten, fehlten die alten Anfälle aggressiver Zerstörungswut nicht, die immer öfter gegen ihn selbst gerichtet waren und auf die, übergangslos ununterbrochen pathetische Szenen der Entsagung und Verzweiflung folgten. „Er hat sich ausgeheult", so der Kommentar der Freunde, die jede seiner Reaktionen bestens kannten. Alles langweilte ihn bis zum Erbrechen: Sartre spielte seine Rolle dabei, aber vor allem konnte er in nichts einen Sinn entdecken. Und das auch ohne Sartre.

Auf eine Jugend mit Ecken und Kanten, ausgerichtet auf das Aufbegehren gegen die väterliche Autorität, folgte eine Jugend voller Unbehagen, während der er sich einem neuen Feind gegenübersah, schwerer fassbar als der Vater: die Zeit. Die Stunden zogen sich hin, dehnten sich langsam, zermürbend. Es war, als spüre er wortwörtlich das Verrinnen der Minuten, beinahe so, als hätten die Zeiger nur für ihn einen anderen Rhythmus. Es schien, als wollten die Tage nie enden: Am Morgen war er gezwungen das Haus wegen seiner Schwester zu verlassen, die Stunden über Stunden auf die Tasten einhämmerte, ihre Schüler nicht zu vergessen, die beinahe ohne Unterlass ein und aus gingen. Ein Inferno.

Er schleppte sich auf die Uni, ging in die Bibliothek, blätterte ein wenig in einem Buch, ohne sich wirklich konzentrieren zu können, unfähig aus einem Zustand der tiefsten Lethargie auszubrechen, der seine zweite Natur zu sein schien. Erst am späten Nachmittag begann er aufzuwachen; das Gehirn nahm seine Funktionen auf und er suchte die Freunde.

Er trat in die Normalität ein.

Nachdem das primäre Ziel seines Hasses verschwunden war – plötzlich hatte er in einem Moment kalter Rationalität beschlossen den Vater zu ignorieren, überzeugt, ihm zu große Wichtigkeit zugeschrieben zu haben – verlor alles, sein Leben selbst an Bedeutung. Da er jetzt in sich selbst nicht genügend Gründe um weiterzuleben fand, suchte er neue Objekte des Hasses. Er war angewidert, unzufrieden mit dem, was er tat oder nicht tat, ohne sich jedoch ein anderes Leben vorstellen zu können. Er war überzeugt, in dieser verfluchten Provinzstadt, auf dieser Insel gefangen zu sein, die ihn, laut ihm, zwang wie ein Tier, ein Baum, eine Pflanze zu vegetieren, durch das Meer vom Rest der Zivilisation getrennt. Fragte man ihn, was er in einer großen Stadt tun würde, schwieg er, plötzlich nachdenklich. Anderswo leben, Rom, Mailand ... wie hätte er in einer großen Stadt leben, was hätte er anderes machen können? Er wurde sich bewusst, dass er auch anderswohin sich selbst, so wie er war, seine ganze Angst, seine existentielle Einsamkeit mitbringen würde; er hätte nichts wirklich Wesentliches ändern können; es war nicht die Stadt oder die Umgebung in der er lebte, in der der Ursprung seiner Unrast lag. Diesen tollwütigen Hund trug er in sich, wo er sich auch befand.

Schließlich wandte er sich gegen die wenigen Freunde, mit denen er sich täglich traf und die er wie unfähige Angeber behandelte. „Dreckige Träumer" schimpfte er sie, ohne sich bewusst zu werden, dass er selbst ein Träumer war, anders, noch nebulöser und verzweifelter als seine Altersgenossen.

Dann entdeckte er in einem Prozess der Selbstzerstörung, dem er sich gewohnheitsmäßig unterwarf, dass die Person, die er gleich nach seinem Vater am meisten hasste, er selbst war. Ihm gefiel das eigene Gesicht nicht, die geschwollenen, großen, beinahe negroiden Lippen, der für die Levantiner typische olivfarbene Teint; die rabenschwarzen, glatten Haare, die im ständig in die Augen fielen, weil, so sagte er, kein Friseur intelligent genug war, sie vernünftig zu schneiden. In den Spiegel zu schauen, bedeutete für ihn die charakteristischen Züge des Vaters zu erkennen: eben die 'aufgeworfenen' Lippen, über die seine Freunde lachten, die glatten, schwarzen Haare, die Größe. Nie war ihm das Fehlen jener außergewöhnlichen Nase aufgefallen, oder vielleicht doch, da er seine Nase banal, unbedeutend fand. Vielleicht hätte er etwas Auffälligeres vorgezogen. Aber an sich akzeptierte er vor allem die mentale Struktur nicht, sein 'Nicht-genial-Sein', wie er sich häufig ausdrückte. „Allein die Genies haben das Recht zu leben." Ein Satz, den er häufig wiederholte.

Er verachtete sich wegen einer angeblich fehlenden Persönlichkeit: „Wir sind eine Herde von Schafen und ich bin Teil der Herde, nichts mehr und nichts weniger."

Einzusehen, dass er nicht im Besitz einer höheren Intelligenz war, deprimierte ihn, auch wenn er sich im Vergleich zu seinen Freunden auf jeden Fall allen zusammen überlegen fühlte ... aber es handelte sich nur um Schafe, also war seine Überlegenheit sehr relativ. Das Bewusstsein Teil der Herde zu sein, das ganze Elend, die dem menschlichen Wesen typische Mittelmäßigkeit geerbt zu haben, entmutigte ihn, nahm ihm jedes Bedürfnis sich kennenzulernen, sich näher zu hinterfragen. „Je mehr ich grabe, desto mehr Elend und Mittelmäßigkeit finde ich."

Aber aus diesem Zustand völligen Ekels vor sich selbst und der Welt, löste er sich manchmal in regelrecht euphorischen Ausbrüchen. Seine Tiraden hatten dann die Phantasmagorie eines Feuerwerks. Er spielte mit den Wörtern wie ein Akrobat auf dem Trapez. Die Sätze, die Gedanken bildeten sich beinahe von selbst und sprudelten mit Leichtigkeit und Eleganz. Flammen, die züngelten, sich neu zusammensetzten, lebhaft, voller Geist und Intelligenz, die anderen und ihn selbst mitreißend. Ein begeisterndes Spiel, das ihn für ein paar Stunden mit der Welt und sich selbst versöhnte.

In solchen Momenten bewunderte er sich, wollte nicht anders als so sein.

Unschlüssig welche Fakultät er wählen sollte – seiner Meinung nach war die eine so gut wie die andere – schrieb er sich in Rechtswissenschaften ein und verwirklichte so den Traum, den größten Wunsch des Vaters. »Ich werde meinen Sohn in der Robe eines Staatsanwalts oder Richter sehen!«, verkündete er bei Tisch, aber nie in Nellos Gegenwart. Nur einmal war ihm dieser Satz entschlüpft und sein Sohn war sofort aufgestanden und gegangen und erst kurz vor dem Morgengrauen wieder heimgekommen.

Ganz allgemein gaben die gemeinsamen Essen Anlass für immer unerfreuliche Auseinandersetzungen zwischen Vater und Sohn. Die beiden Frauen versuchten sich kleiner zu machen als sie in Wirklichkeit waren und wenn sie gekonnt hätten, hätten sie sich verzogen. Für gewöhnlich geschah es sonntags, da Nello für den Rest der Woche seit er auf die Universität ging, am Morgen aus dem Haus ging und nicht vor Mitternacht heimkam. Er vertrug die Fragen des Vaters nach dem Fortschritt seines Studiums nicht und ganz allgemein seine Anwesenheit.

Einmal hatte Nello zwischen dem einen und dem anderen Bissen, ohne ihn anzusehen und der Sache groß Bedeutung zu geben gefragt: »Übrigens, hast du den Ausweis noch?«

»Welchen Ausweis?«

»Den Mitgliedsausweis der faschistischen Partei. Als Staatsbeamter hattest du die Pflicht, dich in die Partei einzuschreiben ... oder irre ich mich? Hast du ihn weggeworfen oder hast du ihn zum Andenken aufbewahrt?«

Der Vater lief rot an.

»Ein Sohn hat nicht das Recht, über das Tun seines Vaters zu urteilen.«

»Und warum nicht? Welches Gesetz verbietet es?«

Nello hatte weiter gegessen, ohne sich von der autoritären Stimme des Vaters beeindrucken zu lassen. Die Mutter hatte sich schnell bekreuzigt, während Elena begonnen hatte den Tisch abzuräumen, obwohl sie noch nicht fertig gegessen hatten. Der Vater hatte keine Antwort gefunden, so erstickt fühlte er sich und Nello, den Kopf aufrichtend, hatte mit zwei eiskalten Augen in die verdrießlichen Augen seines Feindes geblickt.

»Warum sollten gerade die Kinder nicht die Eltern beurteilen dürfen ... und wer sollte es denn laut dir tun? Die anderen wie du ... die anderen Väter und Mitschuldigen?«

Der Vater war aufgestanden, hatte erzürnt die Serviette auf den Tisch geworfen und hatte, ohne ein Wort zu sagen, den Raum verlassen. Nello hatte weiter gegessen, ohne ihm auch nur mit dem Blick zu folgen. Doch sein ganzer Körper hatte fortgefahren etwas Hassenswertes, etwas äußerst Unangenehmes auszustrahlen; im wahrsten Sinne des Wortes dünstete er Hass aus. Die Mutter, Tränen in den Augen, hatte nicht zu atmen gewagt. Nur Elena, glühend im Gesicht aus der Küche zurück, hatte vor Zorn zitternd direkt vor ihm auf den Boden gespuckt.

»Danke für den schönen Sonntag, den du uns wieder einmal zu schenken wusstest.«

Nello würdigte sie keines Blickes.

Bereits als kleiner Junge, in der Grundschule, hatte er begonnen den Vater zu hassen. Er hatte sich von ihm verraten, gedemütigt gefühlt. Er hatte entdeckt, dass der Vater bei Gericht im Vergleich zum Richter eine zweitrangige Rolle spielte, während sein ganzes Auftreten, die Art sich zu kleiden, der übertriebene Respekt der Mutter und die Großartigkeit seines ganzen Gehabes auf eine sehr viel gehobenere Position als selbst die des Richters schließen ließ. In Wirklichkeit hatte er den Vater bis dahin, bis er acht, neun Jahre alt war, auf einen Sockel gestellt: Auch er, wie seine Mutter, hatte ihn als wichtigen Menschen gesehen. Er erinnerte sich manchmal zornerfüllt, wie er sich in der Schule gebrüstet hatte. Sein Vater, Gerichtsschreiber, war etwas Besseres als der Vater eines Klassenkameraden, der 'nur' Anwalt war! Dieser Junge hatte derart überrascht nicht zu reagieren gewusst, doch tags darauf war er triumphierend in die Schule gekommen, das heißt er schien vor lauter Freude zu explodieren, ihn endlich vor der ganzen Klasse bloßstellen zu können. Er hätte an diesem Tag vorgezogen von allen Schulkameraden gemeinsam getreten, zusammengeschlagen, geprügelt zu werden, statt diese Schmach zu erleiden.

Er verzieh es dem Vater nie, im Gegenteil, je mehr Zeit verging, umso größer wurde seine Verachtung. Die wenigen Auseinandersetzungen, die er mit ihm nun hatte, aus denen er übrigens immer als Sieger hervorging, störten ihn umso mehr. Der Vater versuchte ihn zu meiden, wagte es nicht ihm Fragen bezüglich des Studiums zu stellen, obwohl er vor Ungeduld bebte, etwas zu erfahren, an diesem wunderbaren Abenteuer beteiligt zu werden, das laut ihm die Kenntnis des Rechts und der Gesetzbücher sein musste. Er wusste nicht mehr, wie er sich verhalten sollte, beugte den Rücken, gab sich demütig, untergeben, unsicher. Die Autorität nützte nichts mehr, der Junge wusste ihm Paroli zu bieten und vernichtete ihn mit kalter Rationalität. Die gelassenen Diskurse gelangen ihm nicht: Und worüber hätte er mit dem Sohn diskutieren sollen? Über Moral, Aufrichtigkeit ... über die Vergangenheit etwa, derer er sich bis vor einigen Jahren so sehr gerühmt hatte? Über seinen Stolz einer großen Nation anzugehören, einem auf der ganzen Welt respektierten Imperium gar? Er wusste genau, wie der Junge reagiert hätte: Diese letzten zwanzig Jahre Geschichte hätte er mit einem Streich wegwischen wollen, ja, er bezeichnete sie gar als „die große Schande der Väter", und der Vater, obwohl er sich für nichts verantwortlich fühlte, war desorientiert, verlor den Boden unter den Füßen.

»Wir haben den Krieg verloren, das stimmt, aber das will nicht heißen, dass alles falsch war, es gab Ordnung, weniger Kriminalität, jeder kannte seinen Platz ...«

Auf die Vorwürfe seines Sohnes hatte er sich nur einmal darauf eingelassen, vom Vaterland, dem großen Vaterland zu sprechen, vertreten von einem großen Mann (er wagte nicht Mussolinis Namen zu nennen, aber das verstand sich von selbst), von allen großen europäischen und überseeischen Persönlichkeiten respektiert. Auch den Italienern im Ausland begegnete man mit größerer Achtung, eben wegen jenes Mannes, und auch Churchill bewunderte ihn, das wussten alle: Er hatte öffentlich erklärt, dass die Italiener den richtigen Mann gefunden hatten!

»Richtig nur für dieses Volk von Schafen, wollte er wohl sagen!«

Der Vater zog es vor nicht zu antworten, fuhr aber mit seinen Erinnerungen an die vergangene Grandezza fort: »Damals schon war Italien eine große Nation ...«; der Junge brach da in ein spöttisches Gelächter aus.

»Das Vaterland, Italien, die Rhetorik der nützlichen Worte, um die Machenschaften, die Schande, die Morde und die Kolonien in Affrika[2], mit Doppeleff, wie man es damals auszusprechen pflegte, zu verschleiern ... du hast das Imperium von Bettlern vergessen!«

An diesem Punkt blieb dem Vater nichts anderes übrig, als die Diskussion plötzlich abzubrechen und sich ins Schlafzimmer zurückzuziehen. Das Schlimmste war der Verlust dieser himmlischen Gelassenheit, die immer integrierender Bestandteil seines Charakters gewesen war. Auch er wurde unruhig, ungeduldig auch mit den Frauen. Schwach. Und vor allem seine Frau litt darunter.

Aber Nello blieb trotz der Frustrationen, die er ihm zufügte, sein Idol, der edelste, außergewöhnlichste Teil seiner selbst. Er war zu dem Punkt gekommen, dass er in bewunderte, weil er ihm Paroli zu bieten wusste.

Dieser plötzliche Respekt, diese offensichtliche Unsicherheit, sein auf eine beinahe widerliche Art Untertänigsein, trieb den Sohn auf die Palme. Es kam vor, dass er träumte ihn mit einem Messer umgebracht und ihn zerstückelt zu haben, ein Traum, der ihn eine ganze Weile krank machte.

Er litt jedes Mal, wenn er die geistige Beschränktheit seines Vaters beobachtete. Es war kein Geheimnis für niemanden, dass er beim Referendum 1946 für die Beibehaltung der Monarchie gestimmt hatte, und dass er für jene gewisse Person, deren Namen er nicht auszusprechen wagte, eine beinahe religiöse Erinnerung bewahrte.

Nello führte die politischen Einstellungen des Vaters auf die geringe Bildung, auf die sehr bescheidene Familie, der er entstammte, zurück, auf die Sozialstruktur, die er verabscheute und mit der zu identifizieren er sich weigerte.

---

[2] In der faschistische Ära wurde Afrika so geschrieben.

Sein Hass war derart, dass er, um ihn nicht zu sehen, draußen blieb, ganze Nachmittage bei Freunden zu Hause verbrachte oder mit Studieren, ungestört Lesen, Nachdenken in der Bibliothek.

Später definierte er jene Jahre seines Lebens als eine Periode der Nichtexistenz, ein schwarzes Loch im Universum, einen Raum ohne Umrisse.

Zunehmend hin- und hergerissen zwischen seinem äußerst kritischen, unnachgiebigen, denkenden Ich und seinem langen, plumpen Körper, der nur eine Stimme zu produzieren wusste, in der zu erkennen er sich weigerte – seine Freunde verhöhnten ihn indem sie sie „vuci i fimmina", also „Weiberstimme" nannten und es gab keine beißendere Beleidigung für ihn – hin- und hergerissen zwischen dem Hass auf sich und der Unfähigkeit sich zu akzeptieren, wie er war, ein auswegloser Konflikt. Er empfand es als demütigend einen Körper wie die anderen zu haben, mit seinen Erfordernissen, seinen Bedürfnissen, seiner tierischen Natur. Er hätte gerne nur Geist sein wollen, ein vernunftbegabter Geist ohne die Sklaverei des Körpers. Er schrieb dem Körper die ihm eigene Leidenschaftlichkeit, die Maßlosigkeit, seine Hemmungslosigkeit zu, alles Leidenschaften, die laut ihm von einer Instanz außerhalb von ihm selbst geleitet wurden.

„Wir sind alle Marionetten, die jemandem ausgeliefert sind, der die Fäden nach seinem Gutdünken handhabt", hatte er bei mehreren Gelegenheiten erklärt. Dieser Jemand war nicht die Vernunft, die im Gehirn angesiedelt ist, sondern etwas Unfassbares, für das niemand verantwortlich ist, eine Art Fluch oder besser etwas Urtümliches, gegen das man unmöglich aufbegehren kann. Kurz und gut: der tierische Instinkt.

Manchmal, übermannt von einem totalen Ekel vor sich selbst, gab er sich kolossalen Fressattacken hin, gefolgt von Nächten voller Lärm und Gekreisch in den Straßen der Stadt in Gesellschaft irgendwelcher anderer liederlicher oder verzweifelter Menschen wie ihn. Diese Abende endeten für gewöhnlich in einem schäbigen, übel beleumdeten Bordell, bekannt vor allem wegen seiner alten und abstoßenden Frauen, richtige Megären, für die er nichts als Abscheu und Ekel empfand.

Die Sexualität: ein Laster oder vielleicht eine Schwäche, ein rein fleischliches, animalisches Bedürfnis. In jedem Fall ein Nachlassen des Geistes.

Bei diesen Gelegenheiten ließ er seine übliche Art geschliffen, kultiviert zu tun und in reinem Italienisch und einer sorgfältigen Wort- und Ausdruckswahl zu sprechen, bleiben und verfiel in einen anstößigen, groben Dialekt voller Flüche und Obszönitäten, froh den tiefsten Punkt erreicht zu haben und sich im Dreck zu suhlen.

In Wirklichkeit erniedrigte er sich selbst und die Welt, zu der er sich intellektuell hingezogen fühlte, indem er gegen eine ungestüme, ungelöste, gezügelte, das heißt von einem moralischen Empfinden kindlicher Prägung unterdrückte Sinnlichkeit ankämpfte; eine Sinnlichkeit, die er verachtete und fürchtete. Laut einer seiner Definitionen lag das 'Tier' in ihm ständig auf der Lauer, bereit die Oberhand über den Verstand, das höchste Gut zu erlangen und die Dämme zu durchbrechen, die er mühsam zu seinem Schutz aufzuschütten versuchte. In dem Augenblick, in dem er jeden Widerstand zusammenbrechen ließ, glaubte er für eine bestimmte Zeit seine angebliche Intellektualität zu annullieren, jene höhere, unbequeme und frustrierende Intelligenz, die ihn zwang, sich mit dem Rest der Menschheit zu messen, zu wetteifern, sich zu kontrollieren und immer als Verlierer dazustehen.

Es waren Zeiten der Verrohung, die nur einen Zweck hatten: den Körper zu züchtigen, der Einzige, der seiner Meinung nach irgendwelche Vorteile aus diesen Zügellosigkeiten ziehen konnte. Die 'Vernunft' beobachtete derweil kalt, distanziert, verächtlich, unbeteiligt diese Dummheit.

Auf jeden Rückfall folgte eine Zeit der Depression, des Verzichts, der Isolation. Die Wunden, die Ängste, untrennbare Begleiter seiner Jugend, kehrten zurück.

Die Rückkehr zur sogenannten Normalität kündigte sich immer mit einem neuen Ausbruch des Hasses auf den Vater an, seiner Meinung nach verantwortlich für jeden seiner Konflikte, alle seine Verkrüppelungen. Er war es, der ihm einen Körper gegeben, ihn nach seinem Ebenbild geschaffen hatte.

Erste Liebesgefühle

1956 legte Elena die Prüfung des achten Jahres ab. Jetzt, nach dem Martyrium der sechs bis acht Stunden Übungen am Klavier, ohne den Unterricht mitzuzählen, den sie weiterhin den Kindern der Nachbarschaft erteilte, war es ein ruhiges Haus.

Sie war erschöpft und bevor sie mit den Vorbereitungen auf das Diplom begann, hatte ihr der Lehrer eine Pause von mindestens einem Monat verordnet, ohne dabei aber, um nicht einzurosten, eine Stunde Technik am Tag auszulassen.

Es war ein heißer Sommer, wie alle Sommer auf Sizilien. Am Sonntag kamen die Freunde Nellos vorbei, um eine Ausfahrt im Boot zu machen. Sie schwammen im offenen Meer, aßen belegte Brote, die sie von zu Hause mitgebracht hatten und sie unterhielten sich, die Mädchen am Strand mit mehr oder weniger unschuldigen Scherzen zu belästigen. Wie die meisten Menschen, die an der Küste lebten, konnte auch Elena nicht schwimmen und sie weigerte sich immer zu ihnen ins Boot zu steigen. Sie blieb am Strand und sonnte sich, und wenn die Hitze unerträglich wurde, ging sie ins Wasser, um sich zu erfrischen, aber nur dort, wo es nicht tief war.

Nur einmal bat sie ihn, sie mit den anderen mitzunehmen. Nello, ziemlich verärgert, da er seine Schwester nicht gerne in Gesellschaft seiner Freunde sah, und weil er sich aber nicht dem Spott der Jungen aussetzen wollte, lud sie mit dem üblichen sarkastischen Grinsen ein: »Komm, komm, dann bringe ich dir das Schwimmen bei ...«, und wie sie im Boot war, stieß er sie mit einer energischen Handbewegung ins Wasser. Es gab einen Moment des Abwartens, dann sprang ihr einer von den Jungen, ohne nachzudenken, hinterher und zog sie heraus. Ihr Bruder, verärgerter denn je, schaute eiskalt und untätig der Rettungsaktion zu.

»Immer der gleiche Dussel«, war sein einziger Kommentar. Pietro, der Junge, der sie, nach Luft schnappend, aus dem Wasser geholt hatte, bot sich sofort an, sie ans Ufer zu bringen. Noch benommen und verängstigt, stimmte Elena, ohne sprechen zu können zu. An die Schultern des Jungen geklammert, der seinerseits wegen Kontakts mit diesem schon fraulichen Körper beunruhigt war, fand sie sich nach einigen Minuten auf einer Klippe am Strand wieder, noch unfähig zu begreifen, was ihr zugestoßen war. Nello, immer giftiger, drehte sich auf die andere Seite, um dieses peinliche Schauspiel nicht ansehen zu müssen.

Pietro begann, rein zufällig, immer in den ersten Nachmittagsstunden, in der Gegend von Ognina vorbeizukommen. Äußerst schüchtern klopfte er an die Tür, und fragte nach Elena, beinahe als handle es sich um eine Kranke, und nach wiederholten Einladungen der Mutter trat er ein und wurde im Esszimmer empfangen. Es war das hellste Zimmer des Hauses, warm im Winter, kühl im Sommer. Ein großes Fenster blickte aufs Meer; es war schön, jeden Tag die Linie des Horizonts zu sehen, die Illusion zu haben, dass sich jenseits dieser Linie das Nichts befindet, beziehungsweise ein Abgrund, eine Tiefe ohne Grund, eine absolute Leere nur aus Himmel gemacht. So mussten sich die Menschen der Antike den Rand der Welt vorgestellt haben. In der Tat sah man nichts anderes, man schien sich auf einem Schiff zu befinden. Nur Meer und Himmel. Das Zimmer war im Vergleich zu den anderen Räumen, die zur Straße hin lagen, klein, aber bequem und vor allem bewohnt; darin verbrachte die

Mutter den größten Teil ihrer Zeit, flickte die Weißwäsche, bügelte und stickte manche Tischdecke.

Dieses Haus, in das Nello nie jemanden einlud, überraschte alle, die es betraten.

Praktisch auf dem Felsen über einem Abgrund am Wasser gebaut, an einer wenig befahrenen Straße – außer an Sonntagen im Sommer, wenn die Ausflügler sich überallhin ergossen und die umliegenden Klippen mit Melonen, Omeletts, belegten Broten und verschiedenem Geschirr besetzten, ohne das Zurufen, die Boote und den ganzen Rest zu bedenken, der diesen ruhigen Ort in ein höllisches Durcheinander verwandelten – war es das einzige Haus an der Küste, wenige Meter vom Meer entfernt. Auf der anderen Seite der Straße waren ein wenig unordentlich einige Häuschen aufgereiht, die von sehr bescheidenen Menschen bewohnt waren. Die Mutter pflegte, auf von ihrem Mann gleich am Anfang, als sie dorthin gezogen waren, geäußerten Wunsch, keinerlei nachbarschaftliche Beziehungen. Er betrachtete die Nachbarn in der Tat als Menschen unter seinem Niveau und außerdem war er der Meinung, dass die Frau zu Hause bleiben und mit niemandem reden sollte.

Das Haus hob sich vor allem durch seinen reinen neoklassischen Stil ab. Es war gegen Ende des achtzehnten, Anfang des neunzehnten Jahrhunderts von einem nicht näher bekannten Baron erbaut worden, der dort einige Wochen im Jahr verbrachte. Ein eiliger Fußgänger hätte nie vermutet, dass das Haus bewohnt sein könnte, derart heruntergekommen zeigten sich die Mauern. Überall fehlten Teile des Verputzes. Da und dort erinnerten Farbreste, ein verblasstes Ocker, an eine alte Eleganz. Wer weiß, seit wie vielen Jahren Verputz und Anstrich nicht mehr erneuert worden waren.

Das mittlere Zimmer, das als Vorraum diente, war in Wirklichkeit ein Raum mit Fresken verziert, die sich von den Wänden über die ganze Decke ausbreiteten. Das Trompe-l'œil vermittelte die Illusion eines runden Raumes mit über fünf Meter hohen Wänden, die in einer zum Teil authentischen Kuppel gipfelten. Die mittlerweile verblassten Farben, der Stil des Dekors, die Nereide, die einem riesigen Zyklopen mit nur einem Auge auf der Stirn zu entkommen sucht, verloren sich in einer Auflösung der Konturen, die die Formen und die Bewegungen der Figuren erahnen ließen. Auf der rechten Wand sah man, nach einer, einer Reihe abenteuerlicher Abplatzungen des Verputzes geschuldeten Unterbrechung, zwei riesige Füße, die die Decke in einem undefinierbaren Durcheinander von Linien, Farben und Feuchtigkeitsflecken beherrschten. Spuren stämmiger Beine und eines massigen Körpers, teilweise von zotteligen Fellen bedeckt, die die Rohheit betonten, ragten aus diesem Verfall heraus. Nur ganz oben konnte man eine klare, alles andere als grobe Zeichnung mit noch einigermaßen lebhaften Farben sehen: Ein großer Kopf auf blauem Grund, mit einem in einem bestialischen Schrei aufgerissenen Mund, mit vom Wind zerzausten Haaren und finsterem Blick. Der kraftvolle Schwung des Armes, die Hand, mit der er drohend einen knotigen Stock, einen Baum schwang, ließen keinen Zweifel an der Absicht Prügel auszuteilen. An vielen Stellen war der Körper abgeblättert und es war eine gute Portion Fantasie nötig, um sich die Darstellung gemäß der ursprünglichen Zeichnung vorzustellen, doch der Eindruck, den man hatte, war von großer Wirkung. Die verblassten, matten, stumpfen Farben, die Augen der Meereskreaturen auf der Flucht, der erschrockene Blick, der sich in den Sprüngen des Verputzes verlor, die Umrisse der Körper, die teilweise durch die in einem erloschenen Pastellgrün gehaltenen Wellen durchschienen, mittlerweile eher eine Erinnerung als eine Farbe, das alles verlor sich in diesen Wänden jenseits der Zeit. Da und dort krönten Fragmente eines weißlichen Schaums die Wellen, einen an Algen und verschiedenster Vegetation reichen Meeresgrund offenbarend; die Patina der Zeit hatte sicherlich Farben und Konturen zum Vorteil der Malerei selbst enthärtet und gedämpft.

Girlanden, die sich bis dicht unter die Decke schlängelten, eine Art Blumensims, der gerade noch zu erkennen war, schmückten die beiden angrenzenden Zimmer, das eine das der Eltern, das andere das Nellos. Die mit Kalk getünchten, abblätternden und renovierungsbedürftigen Wände vermittelten einen Eindruck von Verkommenheit, fast von Elend, im Gegensatz zu diesem Überbleibsel vergangener Eleganz. Übrigens verloren sich auch die Möbel, wenige und bescheidene, in den Räumen, die für eine ganz andere Ausstattung gedacht waren. Auch der sehr dekorative Mosaikfußboden war voller Lücken, grob mit Zement geflickt, der allmählich zerbröckelte.

Elena bewohnte ein kleines Zimmer im gegenüberliegenden Flügel des Hauses, der für Dienerschaft gedacht war. Der Küchenbalkon, der einzige des Hauses, schien über dem Meer zu schweben: eine Versuchung für jeden leichtsinnigen Springer, denn direkt unter dem Balkon ragten Felsen verschiedenster Form und Größe aus dem Wasser, auf die sich kein Verrückter gewagt hätte. Eine Art Hölle, ideal für Menschen mit Selbstmordabsichten. Nur Nello hatte als Junge einige Experimente gemacht, die immer gut ausgingen, die aber seine Schwester so erschreckten, dass sie ihr nachts Albträume verursachten.

Die Besuche Pietros, gerade zwanzigjährig, wurden immer häufiger. Er setzte sich Elena gegenüber und starrte sie wortlos an. Die Ernsthaftigkeit dieses Mädchens lähmte ihn. Wenn er ihren Augen begegnete, fühlte er sich bis in die Tiefen der Seele beobachtet. Dann schlug er eine Partie Karten vor, die er regelmäßig verlor. Elena wartete auf ein kleines Zeichen, ein Wort, das seine Besuche, seine Verstörtheit rechtfertigte. „Warum sprichst du nicht?“, hätte sie ihn gerne gefragt. Er wusste nicht, wo anfangen, fühlte, dass eine naive Liebeserklärung überrascht aufgenommen worden wäre: sie hätte ihn nicht verstanden, so seine Befürchtung und er hätte mehr darunter gelitten als unter einer Ablehnung. Die Worte, die geflügelten Sätze, vielleicht gar poetisch, die er in seinem Gehirn wiederkaute, während er zu ihr ging und die ihn auf seinem Weg begeisterten, verlöschten in seinem Mund bei ihrem bloßen Anblick. Er stellte sie sich ihm überlegen vor, während sie ferne war oder vielleicht nur gleichgültig. Er litt, verzehrte sich in dieser ersten wahren Liebesgeschichte, eine Geschichte, die sich völlig in seinem Kopf abspielte, unfähig, sie mit den üblichen Allgemeinplätzen zu definieren. Es genügte, dass sie ihn bloß unbemerkt mit der Hand streifte, um rot anzulaufen, beinahe als hätte es sich um einen Akt der Verführung gehandelt; aber auch ihren Geruch wahrzunehmen, den Geruch ihres von künstlichen Düften baren Körpers brachte ihn durcheinander, verursachte ihm schlaflose Nächte. Er fand nicht die Kraft zu reden oder zumindest nicht mehr zu kommen und er verachtete sich jedes Mal wenn er sich, immer zufällig, nach Ognina aufmachte. Elena, völlig ahnungslos, ihm gegenübersitzend, sah nur den Burschen mit dem verwirrten Gesicht, dem traurigen Blick hinter den Brillen, stets schweigsam: Pietro war der erste in sie Verliebte und sie erfuhr es nie.

Pietro hatte eine Leidenschaft für Literatur. Bereits als er zur Schule ging, schrieb er Gedichte und Erzählungen. Schließlich veröffentlichte der 'Giornale di Sicilia' eine seiner Kurzgeschichten, einen Zweispalter auf Seite drei. Vor

Freude überfließend rannte er zu ihr. Elena las sie vor seinen Augen und war verblüfft: sie hatte einen Schriftsteller vor sich! Sie sah ihn neugierig und bewundernd an. Ziemlich verlegen fragte sie ihn, was er in Zukunft zu machen gedachte. Wollte er einen Roman schreiben? Pietro zog sich, rot vor Verlegenheit, noch weiter in sein Schneckenhaus zurück. Elenas völlig oberflächliches, argloses Interesse ohne jene Wärme, die ihn auf irgendeine Weise ermutigen hätte können, verletzte ihn noch mehr. Auch diesem letzten Versuch gelang es nicht, in dem Mädchen jenes Etwas zu erwecken, das sie ihm auf eine andere Weise hätte näherbringen können.

Es gelang ihnen nicht, den richtigen Faden zu finden, jeder in einem Kreislauf der Ängste, der Hemmungen gefangen. Sie waren nicht in der Lage sich zu befreien. Es entstand nicht einmal eine Freundschaft.

Auf unerklärliche Weise stolz auf ihn, hielt sie Nello, der die Erzählung bereits gelesen hatte, die Zeitung unter die arrogante Nase. Äußerst überheblich hatte er nur bemerkt: »Er hat von Čechov abgeschrieben!«

Da sie diesen Schriftsteller nicht kannte, wiederholte Elena seinen Namen mehrere Male, um ihn in Erinnerung zu behalten und sowie ihr Bruder aus dem Haus ging, rannte sie in sein Zimmer, in seinen Büchern zu stöbern. Sie begann wie eine Hungrige zu lesen und fand jene Nahrung, die ihr in Wirklichkeit die ganzen Jahre über gefehlt hatte. Einige Tage später, als Nello die ganze Geschichte Pietros bereits vergessen hatte und sie, bereit für ihre täglichen Übungen am Klavier, sah, wie er wie üblich im Begriff war die Wohnung zu verlassen, konnte sie ihm gerade noch nachrufen: »Er hat Čechov nicht kopiert.«

Nello hielt überrascht einen Moment ein, sah sie an und bevor er ging, machte er nur eine Bewegung mit der Hand, sich an die Stirn fassend, wie um ihr zu sagen, dass sie der übliche Dummkopf sei.

Jetzt verbrachte sie viele Stunden des Tages und des Abends lesend und verschlang alle Bücher ihres Bruders in einer Art intellektuellen Verherrlichung. So wanderten die Klassiker der Weltliteratur durch ihre Hände, von Čechov bis zu den Dialogen Platons, von Sartres *Der Ekel* bis *David Copperfield*, ohne den *Rasenden Roland* und die Gedichte Cecco Angiolieris und noch vieles andere nicht zu vergessen. Pietro beobachtete für eine gewisse Zeit ihre Begeisterung, verblüfft von der Auffassungsgabe des Mädchens, doch er bemerkte recht bald, dass das gemeinsame literarische Interesse keine anderen Aussichten eröffnete. Elena wartete nur auf ihn, um über das zuletzt gelesene Buch zu reden und ihre Augen leuchteten nicht vor Freude ihn zu sehen, sondern wegen einer Art intellektuellem Feuer, das sie erfüllte. Wie ein Strohfeuer erschöpfte sich sein Verliebtsein schön langsam. Seine Besuche wurden seltener und schließlich kam er nicht mehr. Elena bemerkte sein Verschwinden, irgendwie fehlte er ihr sogar, aber sie hätte nicht gewusst, wie ihn aufhalten, abgeschlossen in ihrem schützenden Kokon, der sie taub und blind für alles machte, was mit der Wirklichkeit zu tun hatte; sie konnte die Absichten, die Wünsche des Burschen nicht verstehen, auch nicht den Grund, der ihn über Monate bewogen hatte in ihre Gegend zu kommen; sie ermunterte ihn auf keine Weise, ihrerseits bereits seit langem anderswo verloren.

Eine Art Verzauberung band sie an eine Straße, an ein Haus, an eine bestimmte Person: ihren Klavierlehrer.

Gerade einmal ein Teenager – ein magerer Körper ohne auch nur angedeutete feminine Formen, ein pathetisch infantiles Gesicht, das von einer Kindheit ohne Licht kündete, ohne jene plötzlichen, unmotivierten Freuden, die die Augen der Kinder leuchten lassen, aber auch ohne wirkliches Drama, wenn man von den letzten schulischen Niederlagen und dem auf die Prüfung von Neapel folgenden Fegefeuer absieht –, hatte sie alleine jenen Weg eingeschlagen, dem sie für wer weiß wie viele Jahre folgen würde.

Jetzt legte sie diesen Weg im Geiste ganze Tage lang wie besessen noch einmal zurück. Das erste Mal und dann alle folgenden Male, lauerte ihr an jeder Straßenecke, versteckt unter den wenigen Menschen, die ihr entgegenkamen, dieselbe Furcht auf.

Der Lehrer wohnte im ersten Stock eines ziemlich eleganten Neubaus in einer wenig befahrenen Straße. Die wenigen Stufen hatten genügt, um ihre Aufregung auf das höchste zu steigern: sie bekam Atemnot. Mit dem Herz im Hals stand sie vor der Tür und wartete einige Minuten ab, bevor sie klingelte. Danach war da immer dieselbe Angst, dasselbe Herzklopfen.

Sie wusste nicht, wer ihr öffnen würde, wie der neue Lehrer sein würde, vor allem aber, was er von ihr erwartete, ob er sie aufnehmen oder wegschicken würde, weil sie zu viele Lücken in der Technik aufwies.

Ein junger Mann von etwa zwanzig Jahren, klein von Statur, öffnete ihr. In einem ersten Moment dachte sie, es handle sich um den jüngeren Bruder des Pianisten.

»Ah, die neue, von Maestro Silvestri empfohlene Schülerin.«

Er reichte ihr die Hand und bat sie einzutreten.

Fast noch ein Junge, zierlich, mit zwei großen blauen Augen voller Neugier und einem ermutigenden Lächeln auf den vollen Lippen, sah er sie einen Moment lang an, überrascht von der Arglosigkeit dieses traurigen, leicht schmuddeligen Gesichtchens, das nichts Besonderes versprach. Er war enttäuscht. Der Maestro hatte am Telefon gesagt, dass ein sehr begabtes, sensibles Mädchen mit einer außergewöhnlichen Musikalität kommen würde, und nun stand dieses unförmige, unbedeutende, banale Ding vor ihm. Er führte sie durch einen dunklen Korridor in einen Raum, eine Art kleinen Salon, der durch einen Bogen in zwei Räume geteilt war. Sein Arbeitszimmer. Zwei Fenster gaben den Blick auf einen kleinen, finsteren Innenhof frei. Ein Sofa, zwei Sessel und ein Bücherregal, das war das Mobiliar des ersten Raumes. Der zweite Raum wurde vollständig von zwei Flügeln, Konzertflügel, eingenommen. Ohne nach den vorbereiteten Stücken zu fragen, setzte er sie sofort an ein vertikales Klavier, das an der Wand neben der Tür des ersten Raumes stand: Nie übertrat sie die Schwelle des zweiten Raumes, noch berührte sie eines der beiden Instrumente.

»Spielen Sie mir etwas vor«, sagte er ziemlich gelangweilt und nahm die Zeitung wieder in die Hand, die er kurz zuvor auf das Klavier gelegt hatte. Elena begann sofort mit Bach, während er, ohne sich stören zu lassen und anscheinend ohne ihr zuzuhören weiter in der Zeitung las. Bereits aus offensichtlichen Gründen aufgeregt, hatte sie das Gefühl zu erstarren. Diese offensichtliche Gleichgültigkeit verletzte sie und dann bemerkte sie, dass es sich um die 'Gazzetta dello Sport' handelte. Ihr ganzes Leben lang hatte sie ihren Vater nur 'Il Giornale di Sicilia' lesen sehen, nie, dass er die dem Sport gewidmeten Seiten gelesen hätte, geschweige denn ihr Bruder: Jene Seiten wurden sofort mit Verachtung entfernt! Für ihre Familie war jeder, der sich für Sport interessierte, ein Troglodyt, ein Ignorant, jemand mit einem beschränktem Geist. Der berühmte Pianist, der zwei prestigeträchtige internationale Wettbewerbe gewonnen hatte, der eine Konzerttournee durch Amerika und Russland hinter sich hatte, der als die große Hoffnung des italienischen Klavierspiels galt, las diese verachtete Zeitung mit äußerster Natürlichkeit. Wie sollte sie das beurteilen? Sollte sie aufstehen und gleich weggehen, oder sollte sie abwarten, warten, wie sich die Dinge entwickeln würden? Während sie diese Überlegungen anstellte, bewegten sich die Finger ganz selbständig, mechanisch weiter, bis sie die gelangweilte Stimme des Lehrers auffahren ließen: »Signorina, konzentrieren Sie sich. Sie spielen wie ein Ausländer, der eine Zeitung liest, ohne ein einziges Wort zu verstehen!«

Am Boden zerstört, mit verwirrten Sinnen spielte Elena mit einem Knoten im Hals weiter. Sie hatte große Lust zu weinen, ihre Bücher einzusammeln und aus diesem Raum zu flüchten. Hier herrschte nicht die heitere Atmosphäre, die sie beim alten Maestro Silvestri kennengelernt hatte, hier war es ihr absolut unmöglich sich zu konzentrieren. Es genügte die bloße Anwesenheit dieses gleichgültigen jungen Mannes oder auch nur sein Geruch, der penetrante Geruch seines Rasierwassers, seine Nähe: Er hatte sich neben sie gesetzt, beinahe Knie an Knie.

Bevor er sie entließ, gab er ihr eine lange Liste von zu besorgenden Büchern über Musik, schrieb die für die nächste Lektion vorzubereitenden Stücke auf ein Stück Papier, stand ohne weitere Kommentare auf und ging zur Tür.

Das war die erste Klavierstunde mit dem neuen Lehrer.

So war es dann immer: Wenige, sehr wenige Worte, einige Fragen, auf die sie mit einem Ja oder einem Nein antworten konnte. Immer spröde, gelangweilt, gleichgültig.

Sie ging wie ein verprügelter Hund nach Hause. Auf dem Wege hatte sie sogar einige Tränen vergossen und da sie an einer Kirche vorbeikam, die sie gut kannte, ging sie hinein und setzte sich auf eine Bank in der letzten Reihe. Mit von den Tränen verschleiertem Blick sah sie sich um. Die leere, stille Kirche roch nach verbranntem Wachs und Weihrauch. Dieser Ort hatte die Fähigkeit sie zu beruhigen und sie auf seltsame Weise zu leeren. Sie blieb vielleicht eine halbe Stunde sitzen, gedankenleer, ohne das Verrinnen der Zeit zu bemerken. Es war die Kälte, die sie weckte. Mit einem Frösteln stand sie auf und trat auf den Kirchplatz hinaus. Die nicht sehr warme aber noch helle Wintersonne blendete sie einen Augenblick. Unschlüssig blieb sie stehen, dann endlich machte sie sich auf den Nachhauseweg, immer noch in eine nicht näher definierbare Leere versunken. Wie eine Schlafwandlerin. Seit diesem Tag verbrachte sie immer einige Minuten der Sammlung in jener Kirche, bevor sie zur Klavierstunde ging: Sie brauchte es, um sich zu beruhigen, um sich von jedem Gefühl, jeder Regung zu befreien.

Unbewusst hatte sie sich verliebt. Sie wusste und begriff es lange Zeit nicht. Ihre Gedanken begannen sich immer in Richtung jener Straße, jenes Hauses zu verirren. Sie fantasierte Stunden über Stunden, gedankenverloren, sich immer dieselbe Szene vorstellend: Er öffnete die Tür und sie begann lange Selbstgespräche, von sich erzählend, von ihrer Kindheit, ihrem ständigen Alleinsein, dem Bruder mit seinem ewigen spöttischen Lächeln, der Kind gebliebenen Mutter, dem so abwesenden und derart über alle erhabenen Vater. In der Folge erzählte sie auch von Pietro, seinen außergewöhnlichen Fähigkeiten als Autor, seiner in der Zeitung veröffentlichten Erzählung. Nie bemerkte sie, dass sie ihm keine Möglichkeit gelassen hatte zu antworten, nicht einmal versucht hatte, sich seine Antworten vorzustellen, dass sie ihm keine Fragen gestellt hatte. In Wirklichkeit war sie nicht neugierig etwas über sein Leben zu erfahren: Der Mann aus Fleisch und Blut verursachte in ihr in der Tat Abscheu, beinahe Ekel. Sie wäre nicht imstande gewesen zu erklären, was sie an ihm faszinierte, auch hätte sie die eigenen Gefühle nicht zu definieren vermocht. Sie war verliebt, aber gleichzeitig war sie es überhaupt nicht, weil sie seine Nähe beileibe nicht wünschte.

Einmal träumte sie von ihm, wie er angezogen auf dem Bett lag. Nur sein Hemd hing unordentlich aus der Hose, und schon das hatte sie gestört: Sie spürte, dass sie keine Intimität mit ihm ertragen könnte, keine Nähe irgendeiner Art. Das Bett war das ihrer Eltern, und er lag auf der Seite, auf der ihr Vater schlief. Diesem folgten weitere Träume, in denen sich immer die gleiche Situation wiederholte: der junge Mann auf dem Bett liegend, immer dasselbe Bett, oder im Begriff aufzustehen, manchmal vollständig bekleidet, andere Male im Pyjama des Vaters, gerade dabei, die Hausschuhe anzuziehen, auch diese vom Vater. Es waren beunruhigende Träume, die sie mehrere Tage lang unerklärlich verstört zurückließen. Wenn sie dann zur Klavierstunde ging, schämte sie sich und lief rot an, wenn sie ihn auch nur ansah, beinahe so als ob er ihre Träume erraten könnte, in die er verwickelt wurde.

Sie träumte ihn nie in seinem Studio, wo sie ihn immer sah, nie während er am Klavier saß, was er übrigens nie in ihrer Anwesenheit tat. Er war nicht der Lehrer, der sich die Mühe machte Beispiele der Interpretation vorzuspielen oder Ratschläge zu erteilen. Er korrigierte die Haltung ihrer Hand, das Handgelenk, den Arm, sprach nur von der Technik und scheinbar kümmerte ihn die Musik nicht; vielleicht gab ihm Elena nicht die Gelegenheit zu intervenieren, vielleicht waren ihre Interpretationen von Anfang an so überzeugend, dass sein Eingreifen nicht nötig war. Ab und zu ein Wort: „Leiser", oder „langsamer", oder „schneller". Nichts weiter. Elena litt sehr darunter, sie fühlte sich vernachlässigt, vom musikalischen Standpunkt aus nicht ernst genommen. Sie begann ihn auch aus diesem Grund zu verachten. „Er hat nie etwas zu sagen, nie einen Rat, einen Vorschlag", dachte sie am Ende einer jeden Lektion und sie ärgerte sich, schrieb diese Haltung seiner Gleichgültigkeit, seinem Desinteresse an ihr zu.

Sie wollte ihm nicht Freundin sein, auch nicht über irgendeine Banalität mit ihm reden, Kommentare über andere Musiker austauschen, wissen was er von dem und jenem hielt: Sie wollte weder sein Privatleben kennen noch diese ständig leicht genervte Stimme hören oder in diese ausdruckslosen Augen schauen. Sie hasste ihn mit derselben Leidenschaft, mit der sie sich von etwas anderem überwältigt fühlte, das sie nicht zu benennen wusste, und sie hätte ihn allein mit der Kraft dieser derart untereinander kontrastierenden Gefühle umbringen wollen.

Aber sie fuhr fort an ihn zu denken, immer, jede Minute ihres Tages, eine Zwangsvorstellung.

Mit fünfzehn, sechzehn, ahnungslos, von der Welt der Erwachsenen, der sie noch nicht angehörte, im Dunkeln gelassen, wusste sie nur, wie die Kinder zur Welt kommen. Eine Schulkameradin, Expertin in Frauenangelegenheiten, weil sie in ihrer Familie mehr oder weniger jedes Jahr ein Geschwisterchen zur Welt kommen sah, hatte ihr auf eine ziemlich verschwommene Art erzählt, dass die Kinder aus einem Loch kommen, das nur die Frauen haben. Ein geheimnisvolles Loch, das nur diese Funktion hat, in das zu gegebener Zeit die Kinder hinein- und dann herauskommen. Sie hatte nicht zu sagen gewusst, ob die Kinder bereits komplett mit allem in den Bauch der Mutter kommen, aber das war in der Grundschule gewesen. Bereits in der Mittelschule wurde nicht mehr über Kinder, sondern nur mehr über Jungs geredet und die Schulkameradinnen flüsterten untereinander und kicherten verlegen und vergnügt.

Die ersten Blutungen hatten die Mutter völlig teilnahmslos gelassen, während sie, ganz aufgewühlt überzeugt war, erkrankt zu sein. Die Gleichgültigkeit der Mutter hatte sie irgendwie beruhigt, nicht aber die Nachricht, dass sie jeden Monat Blut verlieren würde: Sie fügte keinerlei weitere Erklärungen hinzu, vielleicht weil sie selbst die Gründe dafür nicht kannte. Sie erklärte nur mit einer gewissen Verlegenheit, dass sie jetzt eine Frau sei, dass sie aufpassen müsse. Sie sagte nicht auf was und warum.

Das war die Sexualerziehung, die sie von der Mutter erhalten hatte.

Im Laufe der Zeit hatte sie bemerkt, dass sich ihre Brust ohne jedes fremden Zutuns vergrößert hatte, beinahe wie durch ein Wunder. Dieses Mal sagte sie nichts, sie versuchte nur die Brust zu verstecken, indem sie sie ganz eng einschnürte, damit man sie nicht sah. Eines Tages sagte die Mutter ohne Vorwarnung zu ihr, sie solle sie ins Zentrum zum Einkauf begleiten; zufällig kamen sie an einem Wäschegeschäft vorbei. Die Mutter trat entschlossen ein, und sie folgte sehr zögerlich. Sie blieb nahe der Tür stehen, bereit zum Rückzug. Die Mutter, das Verhalten der Tochter übersehend, begann mit der Verkäuferin zu tuscheln, die sofort eine Schublade nach der anderen aufmachte, während sie sie ansah wie um die richtige Größe zu erraten. Schließlich zog sie etwas heraus, was sie schon zwischen der Wäsche der Mutter gesehen hatte: einen Büstenhalter. Die junge Frau bat sie höflich ihr in eine winzige Kabine zu folgen, wo sie ihr zu verstehen gab, dass sie sich ausziehen solle. Elena, zunehmend eingeschüchtert, zog mit äußerster Langsamkeit ihre Bluse aus und versuchte ihre Brust mit den beiden Händen zu verdecken. Die Verkäuferin lächelte: »Du sollst dich nicht schämen… auch ich bin eine Frau.«

Inzwischen war sie ihr mit Lockerheit und Professionalität beim Anziehen von diesem Ding behilflich. Sie machte keine weiteren Bemerkungen, die Zurückhaltung des Mädchens, ihre Schüchternheit, die beinahe kindliche Scham und auch eine Art Angst, die sich in ihren Augen widerspiegelte, respektierend.

Von diesem Moment an begann sie die Blicke offensichtlicher Begierde der Männer auf sich zu spüren, gerade auf jenem Körperteil, den sie instinktiv verbergen hätte wollen: Ein Gefühl der Scham, ein völlig neues Unbehagen bemächtigte sich ihrer. Ihre erwachende Weiblichkeit verwirrte sie. Mehr noch: sie erschreckte sie. Mehr und mehr betäubte sie sich mit Musik und Literatur, im Versuch einer neuen Unruhe zu entfliehen, etwas, das sich gegen ihren Willen ihrer bemächtigte. Sie war nervös geworden, leicht reizbar und immer verschlossener in sich selbst. Sie fühlte sich einer überwältigenden Kraft ausgeliefert, die ihrem eigenen Körper entsprang. Ein namenloser, gesichtsloser Feind, der sie zu bewältigen, zu entkräften versuchte.

Es traten Momente unerklärlicher Euphorie auf und dann kam sie gelöst und frei von Furcht und Ängsten zur Klavierstunde. Der Lehrer gab sich freundlich, lächelte auch, erlaubte sich den einen oder anderen Kommentar, manche Fragen. Elena verkrampfte sofort, beinahe als sei sie bei missverständlichem Benehmen überrascht worden und antwortete mit beißenden, absolut unpassenden Worten, die bloß verletzen sollten und sie selbst verletzten, wie ein Rehkitz in Todesangst. Für gewöhnlich reagierte der junge Mann sehr kühl; nur einmal, als er die Geduld verlor, platzte es aus ihm heraus: »Machen Sie nur so weiter, ich lasse Sie einfach in ihrem eigenen Saft schmoren.«

Zunehmend genervt von der Eigenart ihres Charakters, bemerkte er überrascht das Zittern der Hände, den verstörten, verlegenen Blick, die plötzlich Errötung. Er nahm aber auch eine Art Hochmut, eine Überlegenheit ihm gegenüber wahr, die ihn gegen seinen Willen ärgerte.

In dem Maße, wie sie ihn kennenlernte, entdeckte Elena ihrerseits eine ihm zugrundeliegende Banalität und, warum auch nicht, eine Oberflächlichkeit, die sie verwirrte. Sie verstand nicht, wie ein Pianist seines Formats so unwissend, grob und zweifellos dumm sein konnte.

Sie verachtete ihn. Aber sie konnte nicht anders, als ständig an ihn zu denken.

Von der Literatur hatte sie gelernt, dass die Liebe nicht nur eine sinnliche Anziehung ist, sondern auch und vor allem eine Verblendung: sie hatte weder von der einen noch der anderen Definition etwas begriffen. Ihr schien es bei absolut klarem Verstand zu sein, ihn so zu sehen, wie er wirklich war. Was dann die Sinne betraf, konnte sie sich nicht vorstellen, welche Art von Anziehung sie hätte spüren sollen, wenn ihr die bloße Anwesenheit dieses Mannes Übelkeit verursachte.

Trotz alledem vermochte sie sich nicht von seinem Bild loszureißen; sie träumte von ihm nachts aber auch am Tag, mit offenen Augen, stundenlang. Sie war überzeugt von einer sonderbaren Krankheit befallen zu sein. Dann durchlebte sie Zeiten der Ruhe, der Gleichgültigkeit, die genau mit der Abwesenheit des Lehrers wegen seiner Konzerttätigkeiten zusammenfielen. Dann war sie mit sich im Reinen, die Selbstgespräche, die sie üblicherweise Stunden über Stunden beschäftigten, legten sich; sie träumte weder bei Nacht noch bei Tag von ihm. Es genügte jedoch, dass er zurückkam, und der Rhythmus von vorher stellte sich wieder ein und die alte Leidenschaft entflammte unerbittlich.

Gegen Ende des Studiums sah es der Lehrer als seine Pflicht ihr einige Ratschläge Interpretationsprobleme betreffend zu geben. Elena kochte vor Wut. Es kam zu Diskussionen in einer aufgeheizten Atmosphäre. Sie gab sich nie geschlagen. Mit jeder erdenklichen Anstrengung wies sie jeden seiner Vorschläge mit oft spitzfindigen Argumenten ab: wie immer bewunderte sie seine Technik, aber weiter ging sie nicht. Nach einem seiner Konzerte wagte sie einmal ihn scharf zu kritisieren, indem sie ihm mangelnde Logik, Diskontinuität in der Phrasierung, Bruchstückhaftigkeit, fehlende Tiefe in den Kompositionen und musikalische Gefühllosigkeit vorwarf! Auf diese Kritiken wusste der Lehrer nicht zu antworten: verletzt, verwirrt behandelte er sie mit noch eisigerer Kälte, mit Distanz, vielleicht um eine gewisse Unsicherheit, eine Art Labilität oder charakterliche Schwäche zu verbergen.

Er fürchtete diese merkwürdige junge Frau, ihre wache Intelligenz, ihre furchtbare Unnachgiebigkeit, die ätzenden, präzisen, unerbittlichen Urteile, ihre analytische Fähigkeit, die eine Tiefe erkennen ließen, ein, wenn man ihr junges Alter berücksichtigte, überraschend musikalisches Gespür.

Elena machte enorme Fortschritte, saß Stunden über Stunden am Klavier, immer verbissener auf die Eroberung der 'Technik' aus. Die Hände waren klein geblieben, sie waren aber breiter, elastischer geworden und das Handgelenk lockerer. Da war nur ein Problem, das ihre Solistenkarriere begrenzen, wenn nicht gar verhindern hätte können: Sie konnte nicht aus dem Gedächtnis spielen. Es war wie eine Sperre in ihrem Gehirn, ein rein organisches Hindernis. Sie verlor sich immer mitten in einem Satz, starrte die Tasten an, als sähe sie sie zum ersten Mal und wusste nicht mehr weiter. Die verschiedenen vom Lehrer geratenen Systeme des Auswendiglernens waren unnütz. Nach einigen Takten blieb sie hoffnungslos stecken. Mit Fortschreiten des Studiums verfeinerte sich ihre Sensibilität: impressionistische und postromantische Komponisten mit düsteren Tendenzen fanden in ihr die ideale Interpretin. Aber sie ließ sich auch zu Beethoven, Mozart, Chopin und vor allem Bach hinreißen, den sie vor allen anderen bevorzugte und auf ganz ungewöhnliche Weise, das heißt, ohne irgendwelchen romantischen Zugeständnissen, interpretierte. Trotz ihrer geringen menschlichen Erfahrung konnte Elena, geleitet von einem sicheren musikalischen Instinkt, in jede Komposition eindringen und sie analysieren, bis sie ihren innersten Sinn begriffen hatte.

Ein Satz des Lehrers hatte sie besonders getroffen: „Man soll nicht die Noten spielen, sondern was sich dahinter befindet."

Und dieses 'dahinter Befindliche' war, was sie am meisten begeisterte. Sie wollte sich nur die notwendigen Werkzeuge aneignen, um das verwirklichen zu können. Das war der Grund für ihre Akribie, ihre Begierde diese verdammte Technik zu beherrschen. Wenn ihre Mutter sie bei den Übungen die Finger zu spreizen beobachtete, fürchtete sie, sie könnte sich die Hände verrenken.

Gerade einmal zwanzigjährig, eine eigenartige Mischung aus intellektueller Reife und entwaffnender kindlicher Einfalt, wusste sie, dass sie das, was alle 'Leben' nannten, nicht anzugehen wusste, doch sie war nicht neugierig es kennenzulernen, im Gegenteil, sie scheute jeden leisesten Kontakt. Die alltägliche Wirklichkeit mit ihren kleinen Banalitäten löste in ihr eine wahrhaftige Abneigung aus, eine Abwehrreaktion. Für Frauenarbeiten wie Nähen, Kochen, Putzen war sie unbegabt; sie schien zwei linke Hände zu haben. Sie erklärte sich für unfähig, einen Knopf anzunähen, Nudeln abzuseihen oder andere kleine, ihr von der Mutter aufgetragene Aufgaben auszuführen. Wenn sie Teller abtrocknete, zerschellte gewiss mindestens einer; die Gedanken immer anderswo, gefangen in wer weiß welchen Fantastereien. Die Mutter begriff sie nicht und war enttäuscht eine derart unweibliche Tochter zu haben. Aber auch ihre sozialen Kontakte waren sehr begrenzt. Die Leute mit ihren Problemen, mit ihrem Klatsch, ihren Geschichten, nervten sie. In Gesellschaft von Gleichaltrigen fühlte sie sich immer unwohl, ausgeschlossen von ihren Interessen: sie tanzte nicht und wollte es auch nicht lernen – die verschwitzen Hände der jungen Männer auf sich zu spüren, ihre ungeschickten Versuche sie an sich zu drücken, zu berühren störte sie – die Partys der Freundinnen, auf denen über nichts anderes als die Schule, die Jungens, die Verliebten, über Kleider und Mode geredet wurde, gefielen ihr nicht. Um ihr Unwissen oder ihre Unerfahrenheit in Herzensangelegenheiten zu verbergen, beteiligte sie sich nie an Diskussionen, übrigens Angelegenheiten, die sie in keiner Weise interessierten. Noch brisanter waren schulische und später universitäre Angelegenheiten: da zog sie sich in langes Schweigen zurück, das ihr Gefühl der Unterlegenheit im Vergleich zu ihren Freundinnen verbarg, die einen normalen Studiengang hatten. Sie fühlte sich ein Leben lang stigmatisiert, eine Wunde, die mit nichts geheilt werden konnte.

Nach dem Diplom, in welchem sie Bestnoten erhielt, ging sie zu ihrem Klavierlehrer, um sich zu verabschieden. Er hatte sich um vier Uhr mit ihr verabredet. Eine mörderisch heiße Tageszeit an einem sizilianischen Sommernachmittag.

Sie kam an der Kirche vorbei, eine Art Kontrollpunkt auf ihrem Weg zu jeder Lektion. Sie setzte sich auf die übliche Bank und genoss die Kühle des Ortes. Sie war gleich nach dem Mittagessen aus dem Haus gegangen. Beunruhigt spürte sie, dass sie am Ende eines Kapitels angelangt war, dass sie einen klaren Strich zwischen dem Vorher und dem Nachher dieses Tages machen musste. Sie konnte unmöglich noch länger warten.

Sie starrte die bemalte Gipsstatue; der auf den Hauptaltar aufgestellten Madonna an, überhäuft mit Ornamenten, Gold, Papierblumen, alles unnützer Plunder, um die Heiligkeit dieses Symbols zu glorifizieren. Es schien, als sähe sie diesen vulgären Wust an Flitterwerk zum ersten Mal. Sie bemerkte den schlechten Geschmack, vielleicht eines Pfarrers oder wer dafür verantwortlich war. Sie überraschte sich bei der Frage, warum sie nur in die Kirche ging, wenn sie aufgeregt war, wenn sie Ruhe brauchte. Sie hatte seit Jahren keiner Messe mehr beigewohnt.

Sie erinnerte sich an die eigene Ungeduld, die Langeweile und vor allem die Unduldsamkeit mit den demütigen und heuchlerischen Worten des zelebrierenden Priesters. Die Predigten haben sie schon mit vierzehn, fünfzehn geärgert: konnte das sein, dass dieser Mann auf der Kanzel überzeugt war, eine Menge von Leuten, ohne einen Funken Verstand vor sich zu haben? Bemerkte er die gelangweilten Gesichter seiner Zuhörerschaft nicht? Gewiss, da waren ein paar alte Weiblein, die zustimmten, die jedes Wort des heiligen Mannes für bare Münze nahmen, aber die anderen? Hörten sie zu? Und er selbst? Konnte es sein, dass er glaubte, was er sagte? In der Schule hat sie den Religionslehrer nach einer Erklärung den Heiligen Geist betreffend gefragt; statt einer Antwort wurde sie der Ketzerei bezichtigt. Sie hatte praktisch nicht das Recht zu denken, Zweifel zu äußern, den eigenen Kopf nach ihrem Gutdünken zu gebrauchen. Die Zweifel sind nur das Ergebnis teuflischer Beeinflussung, der man nur mit göttlicher Fürsprache entgehen konnte. So zumindest hatte der Lehrer doziert. Daher also das ständige Flehen, sich vor Gott demütigen. Eine richtige Sklaverei, eine Art Erpressung, hatte sie gedacht.

Sie fragte sich, ob es tatsächlich einen Bedarf für den Teufel und ... Gott gab. Überrascht und auch erschrocken über ihren eigenen Mut fragte sie sich auch: Was ist das Böse und das Gute? Wer bestimmt, was böse und was gut ist? Diesem ersten Gedanken folgten andere Fragen, die ihr wie riesige Meilensteine vor die Füße fielen. Was ist der Wille? Gibt es einen Willen des Guten und des Bösen? Und dann die Freiheit der Wahl? Wer wählt, wer trifft die Entscheidungen? Wer leitet den Willen? Ist da etwas, das etwa von Gott kommt oder vom Teufel, oder von innen? Und wer ist innen, wer steuert die Auswahl oder besser, wer wählt aus? Was heißt 'Ich'? All die großen Fragen, die Generationen über Generationen von Menschen beschäftigt haben, brachen über sie herein: der Sinn des Lebens, warum sie auf der Welt war und was die Welt an sich war. Dann sah sie sich in ein Chaos eintreten. Eher als richtiggehende Gedanken waren es nur Bruchstücke von Gedanken, vage Wahrnehmungen aus wer weiß welchen Regionen ihres Bewusstseins, die während sie Form annahmen, sich von selbst zu Worten formulierten, wie im Puzzle, das sich Stück für Stück zusammensetzt. Präzise Sätze, Fragen, die unaufschiebbar auf eine Antwort warteten, und sie, klein, mikroskopisch, wehrlos, ohne Antworten. Ein vom Wind getragenes Staubkorn, unsichtbar im Weltall, aber Teil von ihm: Gemeinsam mit anderen Staubkörnern, Millionen und Millionen von unbekannten Individuen, jedes verschieden vom anderen, die sinnlos um sich selbst kreisen, wie sie … Sie hielt plötzlich inne. Ein Staubkorn, das denkt, aber ein Korpuskel, das einen Kosmos in sich birgt. Was bedeutet das alles?

Na gut, sie hätte jemanden akzeptieren können, der mit dem, was man eine göttliche Essenz nennt, eine Art Motor oder ein unermessliches Gehirn, das ein für alle Mal die Welt und das Universum in Funktion gesetzt hatte, die Natur und ihren Körper selbst; auf jeden Fall eine Idee, die nichts mit Gut und Böse zu tun haben konnte.

„Ich glaube an Gott, aber an den Teufel, an das Paradies, die Hölle, an die Sünde, die Kirche, die Priester und an das, was sie predigen, nein, daran will ich nicht mehr glauben."

Sie atmete erleichtert auf. Ihr schien, sich ganz plötzlich von einer Last befreit zu haben, die sie unbewusst Jahre über Jahre beklommen hatte; wenn sie es recht überlegte, seit den Zeiten des Schutzengels. Die Großmutter mütterlicherseits hatte sie gewarnt: er würde über sie urteilen, sie bei jeder Tat beobachten, würde in dem Moment in ihren Gedanken lesen, in dem sie entstanden. Sogar noch eher. Als Reaktion darauf war sie auf den Punkt gekommen, den Gedanken zu verbieten sich auch nur zu bilden. Eine Zensur die strenger nicht hätte sein können.

Sie spürte einen großen Schritt weitergekommen zu sein: Der Reifeprozess von im Laufe eines Jahrzehnts erfolgten Kämpfen, Ernüchterungen, überwundenen oder nicht überwundenen Krisen, gelösten oder nur aufgeschobenen Problemen fand jetzt eine endgültige Lösung. Jetzt begann ein neues Leben!

Glaubte sie in jenem Augenblick.

Sie schaute sich um. Die Kirche war leer; um diese Uhrzeit machten die rechtschaffenen Leute ein Nickerchen und stellten sich keine Fragen über die Existenz Gottes und noch weniger über Gut und Böse. Sie erhob sich und schritt leichtfüßig hinaus ins Licht und die Wärme dieses wunderbaren Julitages. Sie hatte eine Antwort gefunden: vielleicht war die Hölle nur ein Zustand des Zweifels oder des Unwissens und das Paradies die Gewissheit oder die Kenntnis.

An diesem Tag hatte sie einen großen Entschluss gefasst; sie würde mit dem Lehrer reden ... und für einen derartigen Entschluss hatte sie die Existenz Gottes, das Gute und das Böse in Frage stellen müssen! Und sie hatte die Kirche und die Religion zum Teufel geschickt.

Es war an der Zeit, sich mit dem Ursprung ihrer Zwangsvorstellungen auseinanderzusetzen und sie ein für alle Mal loszuwerden. Sie wollte ihn aber mit ihrer eigenen Krankheit krank machen, ihn anstecken, die Unruhe, die sie noch immer quälte, auf ihn übertragen.

Aber vielleicht täuschte sie sich, vielleicht würde er nicht begreifen, würde er sich nicht von ihr stören lassen. Auf jeden Fall wollte sie endgültig der Hölle entfliehen, die Tür hinter sich zuschlagen! Auf dem Weg dachte sie an die Worte, die sie ihm hätte sagen wollen, und überdachte sie aufs Neue. Am Ende beschloss sie ihm nur einen Satz zu sagen. Eine plötzliche Angst bemächtigte sich ihrer. Mit dem Herzen in voller Aufregung stieg sie die Stufen hinauf. Wie oft in Zukunft würde sie davon träumen, wie sie außer Atem, angsterfüllt diese Treppe hinaufstieg.

Der Lehrer empfing sie mit großer Herzlichkeit, gab ihr die schlaffe Hand, erst das zweite Mal, seit sie ihn kannte – er hatte die Angewohnheit seine wertvollen Hände zu schonen – und beglückwünschte sie zu ihrem schönen Erfolg. Er führte sie zum Sofa, auf das sie sich in all den Jahren nicht ein einziges Mal gesetzt hatte, lud sie ein sich zu setzen und fragte sie, ein wenig verlegen, ob sie etwas trinken wolle.

»Ja, einen Gin!«

Einen Augenblick hielt er perplex inne, wie jemand, der annimmt nicht richtig gehört zu haben. Vorsichtig fragte er, ob sie eine italienische oder eine englische Marke bevorzuge.

Elena sofort: »Eine englische!«

Eine erneute Überraschung für den jungen Mann ... er hatte gedacht, das Mädchen würde um ein Glas Wasser bitten. Ein Krug mit Eiswürfeln stand in der Küche bereit. Elena trank den Likör in einem Schluck, so wie sie es häufig im Kino, in den Western gesehen hatte, die sie so begeisterten. Sie verschluckte sich nicht, wie der Lehrer, der sie beunruhigt beobachtete, einen Moment lang befürchtet hatte. Sie blieb teilnahmslos.

»Ich war schon immer in sie verliebt«, sagte sie eiskalt und schaute ihm entschlossen geradeaus in die Augen. Sie feuerte ihm diesen Satz wie einen Gewehrschuss entgegen.

Der Lehrer ließ sich völlig überrascht in den Sessel fallen. Er hatte etwas erwartet, es lag förmlich in der Luft oder vielleicht hatte er es dem Verhalten des Mädchens entnommen, aber eine derartige Erklärung: niemals! Er starrte sie verblüfft an, den Mund halb offen, die Flasche Gin noch in der Hand. Elena genügte dieser wässrige, leere Blick, diese derart authentische und banale Überraschung. Sie wusste nichts weiter hinzuzufügen, selbst erschüttert von der eigenen Courage. Sie empfand sofort Abscheu wie vor etwas Klebrigem, Weichem. Ihr Gedanke schweifte sofort zu einer jener Quallen, die sie oft unter ihrem Zimmerfenster treiben sah, getragen von den Launen der Strömung, ätherisch, wie lebende Schleier. An einem stürmischen Tag hatte sie beobachtet, wie die Wellen eines dieser durchsichtigen, leichten Geschöpfe gegen die Klippen geschleudert hatten. Der Aufprall hatte die wahre Natur des schleimigen und gallertartig Körpers geoffenbart.

Sie stand auf und ohne ihn auch nur zu grüßen, verließ sie ein letztes Mal dieses Zimmer. Sie war nicht länger als fünf Minuten geblieben.

Auf der Straße blieb sie stehen, zitternd wie bei einem Fieberanfall. Völlig leer, beinahe so, als hätte sie gemeinsam mit den zahlreichen Mahlzeiten der letzten sechs Jahre auch die Gefühle, die Ängste erbrochen, von denen sie erfüllt gewesen war. Sie spürte eine andere Haut zu haben. Eine leere Hülle.

So hatte die erste Liebe geendet, wenn es denn eine gewesen war.

Sie wiederholte noch einmal jenen Satz: „Ich bin immer in Sie verliebt gewesen", und sie war überrascht, in der Lage gewesen zu sein, die Summe der Jahre der Begeisterung und des Hasses, der Ängste und der ungerechtfertigten Euphorie, Momente intensiven Glücks und andere extremer Niedergeschlagenheit so kurz und bündig zu formulieren.

Wer weiß, wo die Wörter entstehen, fragte sie sich. Ein wundersamer Vorgang, das Unaussprechliche mit Hilfe gewisser konventioneller Laute auszudrücken. Sie dachte, dass sie in Wirklichkeit Jahre von Wörtern gebraucht hätte, um ihm wirklich sagen zu können, was sie für ihn empfunden hatte. War es Liebe gewesen? Was wusste sie von der Liebe. Wenn das Liebe war, dann lieber das Nichts, die Willenlosigkeit, die Stumpfheit der Sinne.

Ein Stein, das hätte sie sein wollen, ein Stein.

Schließlich fragte sie sich, warum sie geredet hatte. Was verbarg dieses Aus-der-Unsicherheit-hinaustreten-Wollen … Unsicherheit in Bezug auf was? Sie hatte ihn verletzen wollen, das schon, ihm wehtun, ihn mit seinem eigenen Gift vergiften. Es handelte sich nicht um Unsicherheit: Jetzt, da sie ihn nicht mehr brauchte, hätte sie ihn gerne tot gesehen. Sie fühlte, dass sie einen alten, unauslöschlichen Hass auf ihn hatte: Dieser Mann hatte sie mit seiner Gleichgültigkeit, mit seiner Langeweile, die aus jeder seiner Gesten, jedem seiner Worte sprach gedemütigt. Endlich hatte sie ihn wachgerüttelt, hatte sie ihn überrascht. Zumindest das. Jetzt wusste sie, warum sie geredet hatte: aus Rache. Sie sah diese verstörten Augen, diese Hand, die in der Luft herumfuchtelte, beinahe als wolle er ihr, die, entschlossen nichts mehr zu hören das Zimmer verließ, etwas sagen und es überkam sie ein Gefühl der Übelkeit.

Sie war frei.

Hatte sie dieses Zimmer wirklich verlassen? Hatte sie sich ihrer Zwangsvorstellungen entledigt? Zwangsvorstellungen, die sie blind und taub für die Wirklichkeit gemacht hatten, die sie aber vor der Wirklichkeit selbst geschützt und ihr ermöglicht hatten, die sonst gefühlsleere Jugend zu verlängern.

Langsam beruhigte sie sich.

Wie die Leere füllen?, fragte sie sich verängstigt. Frei sein, bedeutet ins Leere zu stürzen, alleine sein … ich habe irgendwo gelesen, dass sich die Freiheit von Einsamkeit ernährt. Die Liebe und der Hass sind Leidenschaften, die abhängig machen aber dem Leben einen Sinn verleihen. Wie kann man ohne Hass und ohne Liebe leben? Was sonst kann diese Gefühle ersetzen?

Schließlich atmete sie durch, so als erwache sie aus einem langen Schlaf. Dornröschen dachte sie verbittert. Sechs Jahre Schlaf und kein Prinz, der mich mit einem Kuss aufweckt. Sie erfuhr nie, ob ihr dieser Kuss jenes Prinzen nur Übelkeit verursacht hätte.

Auswanderung

Nello hatte alle Prüfungen abgelegt und immer die Höchstnote mit Belobigung erhalten. Er bereitete die Dissertation vor und verstaute sie in der Schublade seines Schreibtisches und dort blieb sie. Dem Vater, der vor Ungeduld schnaubend wartete, sagte er nur, dass „es dieses Stück Papier nicht braucht" um zu leben.

Zu dieser Zeit existierte für ihn nur der Klassenkampf. Es war nicht einfach gewesen, die Zeit zu finden, die letzten Prüfungen abzulegen und die Dissertation zu schreiben. Für ihn gab es nur Marx, *Das Kapital*, das er mühsam, aber verbissen in jedem vom Studium und einer seiner Bett- oder Liebesgeschichten freiem Moment las.

Auf die banalst mögliche Art hatte er eine ungefähr zehn Jahre ältere Frau kennengelernt, eine nicht einmal schöne Arbeiterin, die nach einer Reihe unglücklicher Liebesabenteuer alleine lebte.

An einem heißen Sommersonntag am Strand, während seine Freunde sich große Mühe gaben, die Mädchen zu belästigen und er eher gelangweilt als amüsiert zusah, spürte er die Blicke einer jungen Frau auf sich, die weder vom Alter noch vom Aussehen her in sein Spektrum passte; es war keines der üblichen Mädchen, die er normalerweise mied, noch eine besserwisserische Studentin, die er aus Prinzip verachtete.

»Hey du, könntest du mir den Rücken eincremen? Ich spüre, wie mir die Sonne schon die Haut verbrennt.«

Überrascht und seltsamerweise schüchtern näherte Nello sich ihr, begleitet vom Gegacker seiner Kumpanen.

»Was haben die Dummköpfe zu lachen? Haben die noch nie eine Frau angerührt?«

Rosaria war keine, die sich für Geld hergab, das sah man gleich; sie war eine, die an die freie Liebe glaubte ... der berühmte Ausspruch der Kollontai[3] war bis nach Sizilien vorgedrungen und sollte ein langes Leben haben: „Liebe ist wie ein Glas Wasser trinken." Generationen von Mädchen würden sich in der Folge dessen bedienen, um die Tabus zu brechen, die versuchten, die so sehr gefürchtete weibliche Sexualität in Zaum zu halten.

Rosaria war eine Frau mit sehr klaren Vorstellungen, und was noch wichtiger war, sie wusste sie darzulegen. Nello lernte mit ihr eine neue Religion kennen, eine neue Art zu denken und die Welt zu betrachten. Er wurde von einer revolutionären Welle überwältigt, die ihm half aus einer Art Lethargie auszubrechen, in die er sich in den letzten Jahren ergeben hatte. Er stürzte sich mit Eifer in hitzige Diskussionen, in denen Worte wie Klassenkampf, Proletariat, Kapitalismus, Führungsschicht, Bourgeoisie und Ähnliches sehr häufig vorkamen und auch seine Freunde ansteckten. Rosaria wollte sich ihnen aber nicht anschließen.

„Das sind dumme Kinder, die noch die Windel in den Hosen haben", pflegte sie sie verächtlich zu definieren und womit sie auch ihnen vorwarf Muttersöhnchen zu sein, die die Probleme von Menschen wie sie nicht verstehen konnten. Nello hingegen, mit seiner Negativität, seinem Sarkasmus hatte sie fasziniert, obgleich auch er mehr oder weniger ein Muttersöhnchen war.

Durchdrungen von Rosarias Ideen und einer Lebensauffassung, die frei von Konventionen und Vorurteilen jeder Art war, warf Nello die Prinzipien über Bord, die bis dahin die

---

[3] Aleksandra Michajlovna Kollontaj, russische Revolutionärin, Schriftstellerin und Politikerin.

Grundlage seiner Erziehung gebildet hatten, nämlich das, was er nun als den 'bürgerlichen Ballast' bezeichnete – das Studium und den sicheren Arbeitsplatz – und wurde Verlagsvertreter, mit spärlichem Erfolg, da die Menschen nicht gewohnt waren zu lesen: „Esel sind es und Esel bleiben sie", war sein Kommentar.

Sein Vater trauerte.

»Ich kriege ein Magengeschwür«, klagte er untröstlich. Da er es nicht wagte mit ihm direkt zu sprechen, warf er ab und zu einen heimlichen Blick in die Schreibtischschublade des Sohnes, um festzustellen, dass die Dissertation noch an ihrem Platz lag. Er fürchtete eine offene Gegenüberstellung. Er wollte nicht, dass die dünnen Fäden, die den Jungen noch an seine Familie banden, rissen. Dann erfuhr er von seiner Beziehung zu dieser Frau – ein Bekannter hatte sie zusammen gesehen und hatte den Mund nicht halten können – und es brach die Hölle los.

Auf die vorsichtigen, unterwürfigen Fragen des Vaters reagierte Nello wie immer: »Das sind meine Angelegenheiten, ihr habt nichts damit zu schaffen.« Der Vater aber hatte darüber den Schlaf verloren: er wollte mehr darüber wissen, koste es was es wolle. Er fand keine Ruhe, bis er nicht detaillierte Informationen über die Frau, ihre Vergangenheit, die Familie, ihre Arbeit, ihre politischen Aktivitäten, schließlich über alles in Erfahrung brachte. Alleine zu wissen, dass der Sohn, den er als edelsten Teil seiner selbst betrachtete, mit einer Arbeiterin zusammen war, einer Kommunistin, einer Schamlosen, die wer weiß wie viele Liebhaber gehabt hatte, brachte ihn durcheinander. Zum ersten Mal trat er dem Jungen offen gegenüber, entschlossen ihm richtig den Kopf zu waschen.

»Du hast die alten Polizeispitzel zu Rate gezogen und dieselben faschistischen Systeme benutzt ... du hast die Freunde von damals befragt ...«

Nello reagierte wutentbrannt. Er machte ihm eine Szene wie noch nie zuvor und der Vater konnte ihm auch dieses Mal nicht die Stirn bieten. Schließlich packte er seine wenigen Sachen und verließ das Zuhause ohne wiederzukommen. Rosaria bot ihm Unterschlupf.

Er begriff aber an einem Wendepunkt angelangt zu sein.

Anfangs der Fünfzigerjahre waren alle seine Freunde beziehungsweise fast alle auf das Festland ausgewandert, einige mit ihren Eltern, andere alleine. Eine Massenemigration. Auf die anfänglichen sarkastischen, pessimistischen Reaktionen das Gelingen dieses Experiments betreffend, hatte er sich ausgeschlossen gefühlt, ausgegrenzt. Es dauerte nicht lange und er betrachtete sich als Versager. Er spürte die von dieser rückständigen Stadt auferlegten Einschränkungen, die Diskriminierung, der er sich wegen seiner politischen Ideen ausgesetzt sah, ganz zu schweigen von den zunehmenden finanziellen Problemen: eine Sache ist es vom Proletariat zu reden, eine andere ein Proletarier zu sein.

Seit Jahren hatte er nichts anderes getan als vom Auswandern zu träumen, nach Deutschland zu gehen, ins große Deutschland, das obwohl es den Krieg verloren hatte, fortfuhr, die Faszination seiner Größe als Weltmacht beizubehalten: Als Kind hatte er jene Soldaten bewundert, die ordentlich in Formation zu marschieren wussten, die zeigten, dass sie den Wert der Disziplin kannten, das Gefühl einer überlegenen Rasse anzugehören, einer Nation, die auf der ganzen Welt gefürchtet und respektiert wurde. Er war nie Faschist gewesen, vielleicht nur um anders sein zu wollen wie alle anderen, aber auch weil in seiner Klasse, in der Schule, der Großteil der Schüler laut ihm nichts von Politik verstand, während die Lehrer, die er respektierte, diesen Ideen gegenüber eine gewisse Zurückhaltung zeigten. Die anderen, den Vater eingenommen, die, die vom Vaterland und der Ehre sprachen und den Mund voller großer Parolen nahmen, konnte er nicht ernst nehmen. Er verachtete auch das schwarze Hemd, das er bei den schulischen Veranstaltungen anzuziehen gezwungen war und die lächerliche Quaste auf einer Art Fez, der Teil der Uniform der kleinen Balillas[4] war – der Vater hingegen war sehr stolz darauf – während er die Stahlhelme der deutschen Soldaten bewunderte, so bedrohlich und kämpferisch, ihre braunen Uniformen und vor allem das Hakenkreuz, für ihn Zeichen einer unbändigen Kraft. Er fantasierte von einem richtigen Eisernen Kreuz, das jeder Soldat mit den Händen verbiegen musste, mit den bloßen Händen, um die eigene Kraft zu beweisen und den Willen, dem großen deutschen Heer anzugehören.

Er schätzte den Nationalsozialismus dem Faschismus gegenüber überlegen ein, etwas Ernsteres, Mächtigeres und Gefährlicheres, etwas für richtige Männer. Zumindest als er noch ein Knabe war. Dann, nach dem Krieg, war eine gewisse Verwirrung eingetreten. Er hatte nicht verstanden, wie die Dinge gelaufen waren und auch in der Schule hatte er nicht Gelegenheit gehabt, die eigenen Kenntnisse zu vertiefen: das Geschichtsbuch endete mit dem Ersten Weltkrieg.

Für ihn handelte es sich nicht bloß darum die Meerenge von Messina zu überqueren, er wollte die Alpen überqueren, endlich das Land kennenlernen, von dem er die ganze Kind-

---

[4]Das italienische Äquivalent zur Hitlerjugend in Deutschland

heit und Jugend über geträumt hatte, groß, wunderbar: Er konnte und wollte nicht glauben, dass von dem vergangenen Glanz nichts als Trümmer übriggeblieben sein sollten. Etwas von der alten Macht musste noch da sein: die Leute. Wenn die Städte zum Teil zerstört waren – was er sich übrigens nicht vorzustellen vermochte – die Leute, die er so sehr bewundert hatte, mussten noch da sein und konnten doch nichts von ihrer Größe verloren haben.

Er kratzte ein bisschen Geld zusammen – er ging sogar die Großmutter mütterlicherseits um ein kleines Darlehen an – und entschloss sich zum Frühjahrsbeginn endlich eine Fahrkarte nach Frankfurt zu lösen. Dort rechnete er damit einen Freund Rosarias zu treffen, der vor einiger Zeit ausgewandert war.

Die Euphorie der ersten Stunden flaute bereits angesichts des vollbesetzten Zuges ab, überfüllt mit Männern, kleinen Männern, die sich wie er, aber nicht gerade wie er ins Unbekannte aufmachten, mit einem Koffer aus Karton, zusammengehalten von einer Schnur, der oftmals nur einen Brotlaib und ein Stück Käse beinhaltete, mit dem traurigen Gesicht derer, die alles hinter sich lassen, ohne zu wissen, was sie erwartete, gezeichnet von einem Leben voller Mühsal, einem Elend, das er in Wahrheit nicht kannte.

Diese Reise bedeutete einen Anfang, einen ersten wahren Kontakt mit der Wirklichkeit.

Beinahe ohne es zu wollen, begann er im Zug zu reden, Fragen zu stellen, sich für die Geschichten derer zu interessieren, die er bis zu diesem Moment für das Proletariat gehalten hatte. Eine Masse, von der es ihm unmöglich schien, das Individuum zu trennen. Er hatte einen alten Eisenstein Film gesehen, *Panzerkreuzer Potemkin*, und war beeindruckt gewesen. Er hatte gesehen, wie viel Kraft, wie viel konstruktives Potenzial sich in jedem einzelnen Menschen verbirgt, wenn er nicht allein, sondern in einer Gruppe handelt ... aber auch wie viel Verletzlichkeit. Jetzt saß die Masse hier, mit ihm im selben Wagon, aufgeteilt in Individuen, in ihren besten, geflickten Kleidern, den halb durchgetretenen Schuhen, den großen, rauen Händen derer, die immer harte Arbeit verrichtet haben. Und die Abteile, der Gang, der ganze Wagon roch stark nach Menschen, die es nicht gewohnt waren, sich zu waschen. Er versuchte, den Wagon zu wechseln, das Ergebnis war genau dasselbe. Die Masse hatte einen besonderen Geruch nach Schmutz, aber auch nach Elend, der dann auch ein besonderer Geruch ist, dachte er angeekelt.

Er entdeckte beschränkte Geister, in denen das Leid, die Resignation, die Fatalität, vor allem aber das große Unwissen die Oberhand über jegliche Rationalität gewann. Er brachte in Erfahrung, dass viele dieser Männer bereits in Deutschland gewesen waren, in den Arbeitslagern, während des Krieges. Manche hatten auch zuerst mit und dann gegen die Deutschen gekämpft. Niemand hatte ihnen erklärt, wie die Dinge gelaufen sind. Die Politik hatten die Politiker zu machen, sie wurden nur gerufen, wenn es starke Arme brauchte, jetzt waren sie auf Arbeitssuche, egal wo, Deutschland, Belgien, Schweiz. Eigenartigerweise hegten sie keinen Groll gegen den Krieg, gegen das vergangene Regime. Sie gaben niemandem die Schuld: Jeder Mensch kommt mit dem ihm bereits vorher zugewiesenen Schicksal auf die Welt; der eine wird reich, der andere arm geboren, der eine kommt zum Kommandieren auf die Welt, der andere um zu gehorchen; so ist es immer gewesen und es würde sich nichts daran ändern. Die Herren bleiben immer Herren, die Farbe der Flagge ist egal, das hatten sie mit eigenen Augen gesehen: Die von früher, hatten immer noch das Sagen.

Die Geschichten, die manche erzählten, waren immer noch dieselben: keine Arbeit; das Fleckchen Land, das ihnen vor den Wahlen versprochen worden war, ist nie zugeteilt worden, und deshalb Hunger und Elend und keinerlei Hoffnung auf Besserung; andere, die Älteren, schwiegen, zogen es vor den Jüngeren zuzuhören und zuzustimmen. Es schien, als hätten sie nichts mehr dazu zu sagen. Auf seine Entgegnung, dass die Vernunft auf ihrer Seite sei, dass es genüge sich zusammenzuschließen, um die Dinge zu ändern – andere, in einem anderen Land hätten das bereits getan und es sei ihnen gelungen: dort sei alles zu gleichen Teilen aufgeteilt worden, man kannte keine Arbeitslosigkeit, niemand litt Hunger, alle hätten Arbeit, die gleichen Rechte, es gäbe keine Armen, keine Besitzer – einige schauten sich verlegen an, die Hände auf den Knien ruhend, dachten sie vielleicht einen armen Verrückten vor sich zu haben, während andere ihn skeptisch, ungläubig ansahen. Diese Worte hatten sie bereits andere Male von Typen wie ihm, mit den bleichen, zarten Händen derer gehört, die nie einen Spaten oder sonst ein Werkzeug angerührt haben. Nur Worte, aber wer an die vorderste Front musste, um sich umbringen zu lassen, das waren immer sie, damit jene Hände zart und sauber bleiben konnten.

In Frankfurt wurde er am Bahnhof von Rosarias Freund empfangen und war darüber ziemlich erleichtert. Eine Menge Emigranten drängte sich auf dem Bahnsteig, um die Neuankömmlinge zu empfangen. Und wieder die unförmige, entpersonalisierte Masse, in der es schwer war, ein Gesicht vom anderen, einen Menschen vom anderen zu unterscheiden. Ein Geschrei, ein Sich-Rufen, Sich-im-Getümmel-derer-Suchen, die versuchten aus dem Zug zu steigen und der Verwandten, der Landsleute, die sie erwarteten, die sie zu kommen ermuntert hatten. Einige Deutsche mit Anzug und Krawatte warteten bereits an Ort und Stelle, die einen, um jene wenigen ausfindig zu machen, die bereits einen Arbeitsvertrag in der Tasche hatten, die anderen, um die kräftigsten, jüngsten Männer anzuheuern. Nello war vom Anblick dieser Szene erschüttert. Er dachte an die Sklaven von vor einigen Jahrhunderten und fand keinen Unterschied. Auch jetzt wurden die kräftigsten, jüngsten Typen ausgewählt, fehlte nur noch, dass ihre Muskeln abgetastet würden! Beinahe wäre er für einen von denen gehalten worden, aber er war zu mager und sein Gesicht hatte etwas Intellektuelles. Man sah sofort, dass er arbeitsunfähig war.

Gerade wegen seiner Begeisterung für Deutschland hatte er einige Semester Deutsch an der Universität studiert, mit einem Typen, dem es, wer weiß wie, gelungen war den Engländern zu entkommen und auch nach dem Krieg in der Stadt zu bleiben. Er hatte einen seltsamen Namen, der mit X endete; kurz, drei Konsonanten und einem einzigen Vokal und der merkwürdigen Angewohnheit, Dialekt anstatt Italienisch zu reden ... Er übersetzte vom Dialekt direkt ins Deutsche und umgekehrt, zum Vergnügen der Studenten.

Das große Deutschland, das neue Deutschland Adenauers befand sich in einer Phase des Wiederaufbaus: Sehr bald würde es wieder seine Position als erste Wirtschaftsmacht in Europa und unter den größten der Welt einnehmen. Nello sah dieselben Männer, die vorher ein diszipliniertes Heer gebildet hatten, mit derselben Disziplin sich an die Arbeit machen, um die zerstörte Industrie, die Straßen und die Städte des Landes wieder aufzubauen, ohne Rücksicht auf die Erhaltung der historischen Überreste, wertvolle Dokumente einer großen kulturellen Vergangenheit. Das alte, große Vorkriegsdeutschland verschwand für immer unter dem Zement der zweiten Hälfte des zwanzigsten Jahrhunderts. Ein Verlust für die gesamte Menschheit. Das, was der Krieg verschont hatte, fiel der Spitzhacke einer Gesellschaft zum Opfer, die sich unter allen Umständen und auf die Schnelle erneuern wollte. Sie schauten weder nach rechts noch nach links sondern nur nach vorne, in Richtung einer modernen Welt, effizient, funktional, einer noch so nahen Vergangenheit, einem traumatisierenden Gestern, das störte und allen Unbehagen bereitete, den Rücken kehrend. Einstimmig wurde eine Mauer des Schweigens aufgerichtet, eine stillschweigende Übereinkunft einer ganzen Generation, die nicht nur vergessen wollte, wer diese Katastrophe verursacht hatte, sondern auch deren Opfer. Zwölf traumatische, zerstörerische Jahre, wie sie die Geschichte der Menschheit noch nie erlebt hatte, wurden unter riesigen Schuttbergen begraben. Einige Jahre später sollte ein berühmtes Psychoanalytikerpaar, Margarete und Alexander Mitscherlich, die Reaktion auf diese Jahre mit einem Buch *Die Unfähigkeit zu trauern* verständlich machen, das einiges an Aufsehen erregte.

Es brauchte viele Jahre, ungefähr dreißig, bis man den Mut fand, diese Tragödie, die Millionen von Menschen in Mitleidenschaft gezogen hatte, mit kritischen Augen zu sehen.

Nello konnte kein einziges Zeichen jener Vergangenheit finden, auch niemanden, der bereit war darüber zu reden.

Rosarias Freund brachte ihn in eine Holzbaracke nahe der Baustelle, auf der er arbeitete. Dort wohnte er, besser gesagt dort schlief er gemeinsam mit ungefähr anderen hundert Emigranten gleich ihm.

»Wir sind hier, um zu arbeiten, nicht um zu leben«, war die Antwort auf den fragenden Blick des Neuankömmlings. Es brauchte keine weiteren Worte.

Nello hatte den Eindruck sich in einem Konzentrationslager zu befinden! Er schaffte es nicht hineinzugehen und zog es vor, das wenige Geld, das er mitgenommen hatte für eine Bruchbude auszugeben, die gewiss nicht besser als jener Ort war, aber in der Stadt lag, aus Backsteinen gebaut und einem Zimmer ganz für ihn allein.

Die Stadt selbst befand sich übrigens ganz im Wiederaufbau; praktisch jeder Straßenzug war eine Baustelle, Betonmauern und Gerüste, die in den grauen Himmel wuchsen, ein Gewusel wie auf einem Ameisenhaufen. Überall hätte er Arbeit finden können, aber er betrachtete seine Hände, lang, schlank, glatt, beinahe feminin, Hände die nur Bücher angerührt hatten: wie hätte er mit diesen Händen irgendeine manuelle Arbeit verrichten können?

Ihm wurde angeboten als Dolmetscher zu arbeiten; auf den Baustellen suchte man schon lange jemanden, der beide Sprachen kannte, beziehungsweise jemand, der den sizilianischen Dialekt kannte, da der Großteil der Italiener nur Dialekt sprach. Er sagte zu, obwohl er wegen der fehlenden Praxis nicht wenige Schwierigkeiten hatte sich deutsch auszudrücken. Er lernte ziemlich schnell, und eignete sich auch die technischen Begriffe an, die er noch nicht in beiden Sprachen kannte. Dabei war ihm ein Wörterbuch dienlich, das er im letzten Augenblick als eine Art Talisman beschlossen hatte mitzunehmen.

Er hatte erst einige Wochen in Frankfurt verbracht und schon fühlte er sich stärker als vorher aus der Bahn geworfen: der Umgang, den er pflegte, Rosarias Freund und die anderen Maurer wie er, enttäuschten ihn tagtäglich. Diese

Leute hatten nur das Geldmachen, die Rückkehr nach Sizilien, den Kauf eines kleinen Grundstückes, den Hausbau, die Hochzeit mit der im Heimatdorf gebliebenen Verlobten, die Gründung einer Familie im Sinn. Vom Klassenkampf wollte niemand etwas hören, die Politik ließ sie völlig gleichgültig, im Gegenteil, sobald er zu predigen begann, entfernten sie sich kopfschüttelnd. Sie sprachen wenig, wie alle Sizilianer und in ihren Augen war das erduldete Elend eingebrannt, die Opfer, die sie fortfuhren zu bringen, um das ganze Geld, das sie verdienten nach Hause zu schicken und dieser verdammte Fatalismus, der sie daran hinderte mit etwas Hoffnung in die Zukunft zu schauen.

Nach einigen Monaten beschloss er Frankfurt zu verlassen. Er wollte Berlin sehen. Auch dort war der Krieg noch sehr gegenwärtig, man konnte ihn mehr als anderswo mit Händen greifen. Die Präsenz der Soldaten verschiedenster Nationalitäten und eine besondere euphorische Atmosphäre vorgetäuschten Wohlstands konnte den Verfall, die Dekadenz dieser großen, parasitären Stadt nicht verschleiern, die vom Rest Deutschland abgeschnitten war.

Auch hier fand er Arbeit als Dolmetscher und blieb bis er genug Geld für eine neue Reise beisammen hatte.

Es war eine Zeit großer Einsamkeit, des Nachdenkens und manchmal schlimmster Depressionen.

Die Zeit des Protests war zu Ende: Protest gegen wen oder was? Er hatte niemanden, gegen den er protestieren konnte. Die Gesellschaft? Ein Wort, nichts weiter als ein Wort. Er begegnete nur Individuen, von denen er systematisch ignoriert wurde. Er spürte es, wenn er durch die Straßen voller geschäftiger Menschen ging. Wenn er hingefallen wäre, hätte es niemand bemerkt, sie hätten höchstens versucht ihm auszuweichen, indem sie eilig um ihn herumliefen: Er hatte eine solche Szene miterlebt und war erschüttert gewesen. Er hatte die Polizei gerufen, der nichts Besseres einfiel, als ihn nach dem Ausweis zu fragen, beinahe so, als wäre er an wer weiß was Schuld. Er erklärte ein Tourist zu sein, aber die Stimme der beiden Polizisten klang hart, die alte deutsche Härte, und er geriet einen Augenblick in Panik.

In der Tram, im Autobus, im Zug war im aufgefallen, dass alle vermieden ihren Nachbarn anzusehen. Warum ignorierten sie sich derart beharrlich? Ekelte sich der eine vor dem anderen oder fürchteten sie, dass man etwas von ihnen wollen könnte? Sie wollten sich nicht kennen. Sich in den Augen der anderen zu spiegeln konnte gefährlich sein. Warum hatten die Frauen mittleren Alters immer einen so harten Blick, eingefroren in einem Ausdruck, als sähen sie ständig Szenen des Grauens? Und diese zusammengepressten Lippen, diese Haltung der ständigen Missbilligung, war das Ergebnis ihrer lutherischen Erziehung oder von was denn sonst? Es war, als könnten sie sich nicht entspannen, so als ob sich die Realität, die sie jetzt umgab, nicht über eine andere Realität legen könnte, die sie in sich drinnen behielten, die sie vielleicht auch vor sich selbst verschwiegen und die sie nie preisgeben würden. Wenn er in diese Gesichter sah, dann fragte er sich mehr als nur einmal, was diese Frauen, diese Männer gesehen haben mochten; welch furchtbare Erfahrungen mussten sie durchlebt haben, um in den Augen, in den Falten des Gesichts, in den Linien, die die Umrisse des Mundes kennzeichnen, sogar in der Art die Nase zu rümpfen unauslöschliche Eindrücke hinterlassen haben, Wunden, die tiefe Spuren hinterlassen haben; Narben, die die Oberfläche ihrer Haut für immer verunstalteten. Und ihre Seele.

Nie hatte er sich so einsam gefühlt, wie in diesen deutschen Städten. Was ihn aber am meisten verletzte, war das Gefühl einem Volk anzugehören, das hier verachtet wurde, beinahe so, als würde es sich um eine mindere Rasse handeln. Italiener zu sein, mochte noch angehen angesichts seiner Größe und des intellektuellen Aussehens, doch wenn sie sich im Detail über seine Herkunft informierten, bemerkte er eine sofortige Änderung in der Art wie sie ihn behandelten. Sie wunderten sich, konnten es fast nicht glauben, dass er diesem Volk von Bettlern, von Sklaven angehörte, die zu ihnen auf Arbeit kamen: schwarze Männlein, die nach Knoblauch rochen, Männer klein von Statur, muskulös, gut für die schwersten Arbeiten. Eine Art menschliche Unterrasse. Die Beleidigung gewisser auf seine Landsleute gerichteten Blicke empfand er wie Hiebe mitten ins Gesicht: dieses alte Gefühl der Überlegenheit tauchte trotz der erlittenen Niederlage immer noch auf. Zum ersten Mal sah er sich einer Realität gegenüber, deren Existenz er nicht vermutet hätte: den Unterschied zwischen dem Norden und dem Süden Europas, der sich nicht nur in den Bräuchen und der Mentalität der Leute widerspiegelte, sondern vor allem in ihrem äußeren Erscheinungsbild. Hier maßen die Leute die Statur eines Menschen mit einem besonderen Metermaß. Ein Mann von einem Meter fünfzig war viel weniger wert als einer von einem Meter neunzig! Die Größe als Zugehörigkeitsmerkmal zu einer anderen Rasse, beziehungsweise zu einer höheren oder niederen Rasse. Eine Einschätzung, die ihn derart verstörte, dass er sich mit seinen eigenen Leuten wie nie zuvor identifizierte.

Hier war das Rassenproblem noch sehr verwurzelt und trotz der Sonderbehandlung, die er erfuhr (eben wegen seiner Größe und vielleicht auch wegen seines intellektuellen Gehabes), konnte er sich in dieser olivfarbenen, so weit von der nordischen Blässe entfernten Haut, seiner eigenen Identität nicht ganz sicher sein.

Er hatte erfahren, dass es noch vor zehn Jahren einem Deutschen zum Schutz der Rasse gesetzlich verboten war, eine Italienerin zu heiraten. Es war nicht erlaubt, das arische mit einem anderen Blut zu mischen! Da er bis dahin auf einer Insel gelebt hatte, wo sich die unterschiedlichsten ethnischen Gruppen ohne irgendein rassisches Vorurteil untereinander vermischt hatten, konnte er die Bedeutung dieser Einschätzungen, dieser Unterscheidungen nicht verstehen.

Die menschlichen Rassen ..., das war ein Thema, das ihn nie interessiert hatte!

Überrascht entdeckte er, dass dieses so sehr missachtete Sizilien eine andere Art von Menschlichkeit besaß (oder handelte es sich wirklich um eine andere Rasse?). Die Leute schauten ihresgleichen in die Augen, sie fürchteten nicht, sich darin wiederzuerkennen, sie akzeptierten ihn oder auch nicht, aber sie fuhren fort, ihn als menschliches Wesen zu betrachten, mit all seinen Schwächen und seinem Elend ... Oft wiederholte er für sich den Satz, den er gerade angekommen gehört hatte: „Hierher kommt man nur um zu arbeiten, nicht um zu leben".

Jetzt war es notwendig zu verstehen, was er aus diesem Stück Leben machen wollte, das er vor sich hatte: Wie die eigene Trägheit überwinden, diese angeborene Tendenz zur Lethargie, zur Passivität. Mit einem Wort: die Eigenart eines Inselbewohners.

Er hatte mit seinem Vater abgeschlossen – an ihn dachte er schon lange nicht mehr – aber vor ihm hatte sich ein bodenloser Abgrund aufgetan. Er musste die Rechnung mit sich selbst machen: ein viel stärkerer und gefährlicherer Feind als jener Alte, den er so sehr verachtete. Irgendwie wusste er, dass der 'Alte', wie er ihn für sich gewöhnlich nannte, in ihm lebte, dass er ihn nie loswerden würde, da konnte er ihn genauso gut ignorieren, ihn hinter sich lassen wie einen Schatten, der ihm zwar immer folgen würde, aber ohne ihm auf seinem Weg hinderlich zu sein.

Stunden um Stunden verbrachte er in irgendwelchen miserablen Hotelzimmern, mal in einer Stadt, mal in einer anderen, lag angezogen auf dem Bett, kaute an den Fingernägeln, wie er es als Kind getan hatte. Er rauchte eine Zigarette nach der anderen, ohne die Lösung seiner Probleme zu finden: Was tun, was tun, was tun? Eine feste Anstellung suchen, eine Arbeit suchen, die irgendwie sein Bestreben befriedigen könnte? Aber welches war sein Bestreben? Er wusste es nicht. Er war nicht imstande, sich sein Leben der kommenden Monate, der nächsten Jahre vorzustellen, es zu programmieren.

Es gab Tage, da liebäugelte er mit der Idee nach Russland zu gehen, um zu sehen, wie sich das große kommunistische Ideal verwirklicht hatte, aber Schwierigkeiten praktischer Natur hatten ihn entmutigt ... und dann fehlte ihm der Anstoß, die Begeisterung für neue Erfahrungen ... oder vielleicht ließ er sich von den argwöhnischen Gesichtern der russischen Botschaftsangestellten entmutigen.

Es war nicht leicht, die eigene Schwäche zu akzeptieren. Immer fester verwurzelte sich in ihm die Vorstellung, einer unförmigen Masse mittelmäßiger Menschen anzugehören. In dieser Zeit erreichte die Verachtung seiner selbst die Grenze des Erträglichen. Mehr als einmal dachte er daran Schluss zu machen; niemand würde sein Verschwinden bemerken. Der Familie hatte er einige Ansichtskarten geschrieben, jedes Mal aus einer anderen Stadt, ohne wirklich

Nachricht von sich zu geben. Doch er verwarf auch diese Idee.

„Ich bin weder imstande zu leben noch zu sterben."

Er hatte sich unüberlegt, ohne einen genauen Plan auf den Weg gemacht. „Was habe ich denn gesucht?", fragte er sich in der Einsamkeit seines Zimmers. Das große Deutschland war eine große Enttäuschung gewesen; das Leben in diesem Land war sehr hart und es wäre nicht leicht gewesen, länger durchzuhalten. Obwohl er im Frühling angekommen war, hatte er nicht einen einzigen Tag aufgehört vor Kälte zu zittern. Er war gezwungen gewesen, sich warme Sachen zu kaufen, sogar einen Mantel, den er noch in keinem Winter seines Lebens besessen hatte, aber diese Kälte war ihm am ersten Tag in die Knochen gekrochen, bereits auf dem Frankfurter Bahnhof und er wusste nicht, ob er sie dem Klima zuschreiben sollte oder der Atmosphäre, die ihn umgab.

Der Großteil der Emigranten kehrte nach einer gewissen Zeit nach Hause zurück. Die, die blieben waren vielleicht die Stärksten oder die Verzweifeltsten.

Er hatte wenig Kontakt zu den Deutschen gehabt, obwohl er sie in jeder Stadt, in der er war, gesucht hatte. Er hatte sogar angefangen Italienischstunden zu geben, gerade um die Leute aus der Nähe kennenzulernen. Er merkte sofort, dass die Frauen, ob verheiratet oder nicht, ohne Altersunterschied sehr viel entgegenkommender waren, bereit eine kurze Liebesbeziehung mit dem Italiener einzugehen, ohne sentimentale Bindung. Flüchtige Abenteuer, die, wenn sie ihm im ersten Moment geschmeichelt hatten, ihm nach kurzer Zeit eine Art Ekel verursachten: er fühlte sich ausgenützt, ein Vergnügungsinstrument und nichts weiter. Auch das war eine frustrierende Erfahrung, öffnete ihm aber die Augen auf die wahre Natur der deutschen Blondinen, der von den Männern aus dem Süden so sehr angehimmelten Walküren des Nordens. Er war aus einer ausweglosen Situation geflüchtet und fand sich in denselben Problemen von vorher wieder.

„Ich möchte vor mir selbst davonlaufen, aus meiner Haut fahren können."

Kurz vor Weihnachten überquerte er wieder die Alpen und kehrte resigniert nach Italien zurück, trotz seines jugendlichen Alters seltsam gealtert; in einem Teil seines immer noch dichten Haares hatte sich eine weiße Strähne gebildet, die ihm ein reiferes Aussehen verlieh.

»In Deutschland habe ich graue Haare bekommen«, scherzte er mit der üblichen Verbitterung. Er begann aber seine Leute mit anderen Augen zu sehen, dieselben Italiener, die er bis vor einigen Monaten verunglimpft hatte, weil er sie für provinziell und rückständig gehalten hatte. Kurz und bündig, nahm er wieder die Haltung ein, die er vor einem Jahrzehnt aufgegeben hatte, als er sich mit dem Gehabe eines Fremden umsah, von jemandem, der nur zufällig dort gelandet war, immer im Begriff abzureisen.

Aber er blieb, dieses Mal für immer, auch wenn er nicht aufhörte seine Landsleute zu kritisieren. Nur der Tonfall hatte sich geändert. Da war keine Leidenschaft mehr, auch keine Schärfe, nur Verbitterung.

Er war endgültig der Jugend entwachsen.

Er schloss Frieden mit dem Leben und beschloss, viel Geld zu verdienen. Auch das ein Nachgeben, ein wiederholtes Zeichen der Schwäche.

Vera

An einem Winterabend wurde Elena zu später Stunde von einem Anruf überrascht. Eine unbekannte Frauenstimme, die ihr mit gebrochener Stimme nach Worten suchend, beinahe weinend, sich aber in einem gewählten Italienisch, mit einem nicht genau identifizierbaren Akzent ausdrückend, sagte, sie heiße Vera, sei die Gefährtin Nellos und lebe mit ihm in Mailand. Nach einer kurzen Pause fügte sie hinzu, dass Nello im Krankenhaus sei. Ein Infarkt. Wenn sie ihn sehen wolle, müsse sie sich beeilen. Morgen. Sie habe sich informiert und es gäbe einen Flug kurz nach sieben Uhr. Sie würde zum Flughafen kommen und sie abholen.

Am nächsten Morgen nahm Elena das erste Flugzeug nach Mailand. Sie war konfus: hatte sie richtig verstanden? Lebte er noch, würde sie mit ihm sprechen können? Die Wartezeiten am Flughafen, der Flug ... alles spielte sich ab, als ob eine andere Person an ihrer Stelle handeln würde; sie war gespalten, der Kopf eigenartig in zwei geteilt. Der eine präsent, aktiv, der andere anderswo, in einer Sphäre von Erinnerungen, zwischen plötzlich auftauchenden Bildern umherschweifend, Fragmente erschütternder Sätze, Gesichtsausdrücke Nellos, seine Augen voller Sarkasmus. Mehrmals fasste sie sich wieder und rügte sich: „Er ist mein Bruder und noch immer vermag ich den alten Groll nicht zu überwinden ... Kann es sein, dass ich nur negative Erinnerungen habe?“

Die wenigen Stunden bis zur Ankunft in Mailand waren quälend; etwas schnürte ihr den Hals zu, ein Knoten von

Tränen, der sich nicht lösen wollte. „Mein Bruder stirbt oder ist schon tot und ich denke nur an alte Geschichten, statt zu weinen, wie es jeder normale Mensch tun würde."

Sie sah ihn in einem Sarg. Man wartete nur auf ihr Kommen, bevor man ihn zumachte.

Sie hatte ihn jahrelang nicht gesehen. Sie erinnerte sich nicht mehr wie lange. Ab und zu kam ein Anruf von einem fernen Flughafen, während er auf ein Flugzeug wartete. Seine Stimme, die sie unter tausenden erkannt hätte, hatte trotz seines Alters immer noch etwas Feminines, und er schien kein Zuhause zu haben, ständig in der Welt unterwegs, ruhelos. Es war, als fände er nur dann die Zeit mit ihnen zu reden, wenn er sich für ein paar Minuten um nichts anderes hätte kümmern können. Auf die Frage des Vaters nach der Art seiner Arbeit, antwortete er immer ausweichend, ebenso sein Privatleben betreffend. Ein paar nichtssagende Worte über die Gesundheit. „Man überlebt", so seine Antwort. Finanziell ging es ihm gut, sehr gut, fügte er jedes Mal gleichgültig hinzu, beinahe als interessiere ihn die Sache nicht groß. Nichts weiter. Zwei Fremde, die nicht einmal die üblichen Höflichkeiten auszutauschen wussten, zwei Plattitüden über das Wetter. Sie hatte noch diese kalte, leicht gelangweilte Stimme im Ohr, diesen Tonfall, in dem Schritt für Schritt eine immer größere Bitterkeit an die Stelle des Sarkasmus' trat.

Er sprach nie von Vera, der Frau, mit der er wer weiß seit wie vielen Jahren lebte. Man wusste bloß, dass er eine Wohnung in Mailand gekauft hatte, nichts weiter. Niemand von ihnen ist ihn jemals besuchen gegangen, der Vater aus Altersgründen, sie, aus fehlendem Interesse.

Sie erkannte ihn nicht wieder. Er hatte beinahe keine Haare mehr und die wenigen verbliebenen waren weiß: „Wo er doch nicht älter als vierzig ist", dachte sie verwundert. Wo war diese unbezähmbare schwarze Mähne geblieben, die jedem Friseur Probleme bereitet hatte? War dieses fette, ungesunde Gesicht seines? Und der aufgedunsene, enorme Körper, der sich im Sarg ausbreitete und ihn ganz ausfüllte? Wenn sie ihr nicht gesagt hätten, dass das ihr Bruder war, sie wäre weitergegangen, gleichgültig und vielleicht angeekelt. Versteinert starrte sie ihn an, in ihm ein Zeichen suchend, auch nur eine Falte, die an das andere Gesicht erinnerte, lange, mager, intensiv ausdrucksstark, das Gesicht, das ihr immer im Gedächtnis geblieben war. Dieser Mann war ein Unbekannter. Hätte sie in seine Augen schauen können, hätte sie vielleicht etwas Familiäres, Altes finden können. Aber die unerbittlich niedergeschlagenen Augenlider verbargen seine letzten Gedanken, die letzte ironische Miene. Nein, das war nicht Nello, der Nello ihrer Kindheit und ihrer Jugend. Der Knoten, der sie stundenlang gewürgt hatte, löste sich, aber sie fand keine einzige Träne. Sie schluchzte ohne Tränen, die Augenbrauen zusammenziehend. Neben ihr brach Vera, auch sie eine Unbekannte, in ein verzweifeltes Weinen aus. Elena legte ihr einen Arm um die Schultern, um sie wegzubringen, da sie die Männer mit dem Sargdeckel gesehen hatte. Sie fühlte zwei zerbrechliche, zitternde Schultern. Ein verlorenes Vögelchen.

Später führte sie Vera in seine Wohnung, beziehungsweise ihre Wohnung. Elena erwachte aus einer Art Taubheit, die sie bis zu diesem Moment vor Gefühlen geschützt hatten, denen sie keinen Raum geben wollte. Die Wohnung würde sie irgendwie ihm als Lebenden näherbringen, sie würde vertraute Zeichen finden, Stücke gemeinsamer Vergangenheit.

Der Haupteingang mit Marmorsäulen, Spiegel an den Wänden, erinnerte an eine Luxusklinik. Der Aufzug brachte sie in den fünften oder sechsten Stock, sie achtete nicht darauf, aber es war ziemlich hoch und die beiden Frauen vermieden die ganze Zeit sich anzusehen. Dieses Alleinsein auf so engem Raum brachte sie in Verlegenheit. Vera öffnete eine der Türen auf dem Treppenabsatz und bat sie einzutreten.

Die Wohnung bestand aus zwei Zimmern und einem großen Wohnzimmer. Die gekalkten Wände, schlohweiß, zwei Sofas, weiß, einander gegenübergestellt. Ein dicker Teppichboden, hellgrau, bedeckten den ganzen Fußboden. Einziger Farbakzent die Bilder, groß, abstrakt, in Pastelltönen. Auch hier keine Explosion der Farben, Formen. Auf der anderen Seite des Wohnzimmers ein runder Tisch aus Plexiglas mit Stahlbeinen und sechs Stühlen rundherum, auch sie aus Metall und weißem Leder. An der Wand eine sehr lange Anrichte aus Metall. Darüber ein großes Bild, einfarbig, Pastell, ohne jede Zeichnung. Auf der einen Seite eine große Vase, moderner Stil, ziemlich extravagant aber ohne Blumen, offensichtlich dort hingestellt, um das Ganze auszugleichen. Der ganze Raum derart gestaltet, um große freie Räume zu schaffen, mit äußerster Rationalität geplant, ohne einen Akzent, ohne sentimentalen Kursverlust. Eine nackte, surreale Landschaft.

Der Raum war gut geheizt, es gab da Heizkörper, Elena hatte sie gleich bemerkt, konnte aber die Wärme nicht spüren. Ihr schien, sie befinde sich in einem ultramodernen Einrichtungsgeschäft. Keine persönliche Note, kein Nippes. Eine Leuchte aus Metall und Glas, projizierte ein ziemlich schummriges, nacktes Licht an die Decke, und beleuchtete den Raum diffus, wie einen Operationssaal. Zwischen den beiden Sofas ein niedriger Plexiglastisch. Und schließlich echte Blumen, kleine Blumen, in einer Vase banaler Form, die das ganze Ensemble störten: ein entschiedener Misston, der sicher nicht von ihm gewollt war. Eine Art Protest gegen dieses übertriebene Streben nach Stil.

Nachdem sie das Zimmer abgeschritten und das eine oder andere Bild betrachtet hatte, setzte sie sich in eine Ecke des Sofas. Vera, die in der Tür stehen geblieben war, hatte bis zu diesem Moment geschwiegen und war ihr nur mit ihrem Blick gefolgt.

»Eigenartig. Auch er setzte sich immer dorthin«, murmelte sie beinahe für sich. Elena sah sie erstaunt an und stand, sich entschuldigend, auf. Ihre Wahl war auf diese Stelle gefallen, wegen des Bildes gegenüber. Sehr groß, vielleicht zwei mal zwei Meter, ein ganz heller Hintergrund in einer zarten Pastellfarbe zwischen einem Grau und einem Hellblau. Links auf dem Bild eine metallische Kugel, die durch den Raum schweift und im Begriff ist aus dem Bild selbst herauszurollen. Ein großer roter Pinselstrich, fast eine Blutspur, in verschiedenen Tönungen abklingend, durchquert entschlossen beinahe die ganze Leinwand, ohne den metallischen Körper zu streifen. Das Bild war ohne Rahmen, wie übrigens alle anderen Bilder im Raum. Elena betrachtete es lange, ohne den Blick abwenden zu können.

»Es gefällt mir nicht, aber es fesselt mich, ich weiß nicht warum. Es ist nicht mein Stil, es ist zu kalt. Es verursacht mir beinahe Unwohlsein. Ein Bild, das ich niemals vergessen werde ... wie diesen trostlosen und traurigen Tag.«

Sie schwieg einen Moment lang und fuhr fort das Bild zu betrachten.

»Diese Kugel ist wirklich dabei aus dem Bild zu rollen. Ein einsamer Mikrokosmos. Wer weiß in welchen Räumen sie umherschweifen möchte. Auch er war ein einsamer Mikrokosmos, verschlossen wie diese Kugel, unzugänglich. Wie sehr hätte ich vor der großen Reise mindesten einmal mit ihm reden wollen. Ich weiß nicht, was ich ihm gesagt hätte, aber es ist traurig sich von jemand wortlos zu verabschieden. In unserer Familie sprach man wenig, und die wenigen Worte waren immer tödliche Giftpfeile.«

Vera hörte ernst, konzentriert zu. Elena hatte eine warme Stimme, den gelassenen Tonfall von jemanden, der gewohnt ist die Worte abzuwägen, eher zu denken als zu reden. Vera schwieg lange, irgendwie unbehaglich.

»Auch Nello sah häufig dieses Bild an. Er sagte nie etwas. Er blieb dort, auf diesem Sofa sitzen, ohne den Mund aufzumachen. Stundenlang. Er konnte ganze Abende lang schweigen, manchmal tagelang. Ich hatte immer den Eindruck, dass er in sich selbst sich verlierend versank ... ja, ich glaube, dass er sich in sich selbst verlor, dass er der Stille zuhörte oder den Stimmen, die er in sich hatte.«

Elena beobachtete sie. Den ganzen Vormittag lang hatte sie sie ununterbrochen mit aufgelöstem Gesicht weinen sehen.

Jetzt schien sie ruhig zu sein, beinahe normal.

Sie war eine Frau undefinierbaren Alters, doch auf jeden Fall älter als sie. Großgewachsen, zarter Knochenbau, zierlich, beinahe ohne Brust, ein wenig breite Hüften. Rötliche Haare, offensichtlich gefärbt, ziemlich moderner Schnitt, über der Stirn toupiert. Auch wenn das Gesicht von den Tränen wiederholt benetzt worden war, sah man da und dort noch Spuren von Schminke. Die Nägel, lang und gepflegt, waren leuchtend rot gefärbt. Vera bemerkte die Blicke Elenas. Sie fühlte sich geprüft, wenn auch wohlwollend. Elenas Augen waren neugierig, voller Interesse. Bestimmt dachte sie: „Das ist die von Nello geliebte Frau. Sie ist an die zehn

Jahre älter als er, aber sie ist eine moderne Frau, trägt einen Minirock, hohe Stiefel, toupiertes Haar ...“

Vera deutete ein Lächeln an.

»Habe ich die Prüfung bestanden? Nello sagte immer, dass ihn nur die alten und hässlichen Frauen interessieren ...«, und sie versuchte der Stimme einen leichten Tonfall zu verleihen, doch es gelang ihr nicht recht.

Elena schaute ihr in die Augen.

»Du bist ganz anders als ich ... auch ich bin gewiss keine Schönheit und auch nicht jung. Da gibt es nur einen Unterschied: Du lebst in deiner Zeit, ich außerhalb der meinen.«

Vera gab sich mit einer gewissen Lebhaftigkeit einen Ruck und bot ihr an, einen Tee aufzusetzen. Von der Küche aus fragte sie, ob sie Hunger habe; sie hatten den ganzen Tag lang nichts gegessen. Elena kam in die Küche. Auch hier war alles weiß, steril, äußerst modern. Sie sah sich verwundert um und Vera erriet ihre Gedanken.

»Du darfst nicht glauben, dass hier ein Architekt am Werk war. Nello wollte die Wohnung alleine einrichten, mein Zimmer ausgenommen. Ich habe mich noch nicht daran gewöhnt; für mich ist alles so kalt, so extrem rational und ungemütlich. Ich habe das immer als eine Projektion seiner Persönlichkeit interpretiert: da ist seine ganze innere Leere, seine Einsamkeit.«

Elena setze sich auf einen an einen kleinen Tisch gerückten Hocker, wo sie offensichtlich ihre Mahlzeiten einnahmen, wenn sie alleine waren. Der Hocker, ein sehr unbequemes Dreieck stand auf drei Beinen aus Metall. Bei diesen Worten spürte sie sofort die Notwendigkeit zu protestieren, beinahe als wolle sie ihren Bruder in extremis vor falschen Anschuldigungen in Schutz nehmen. Ihre Stimme vibrierte und wurde tiefer, aber sie fand langsam ihre Fassung wieder, während sie sprach.

»Ich glaube nicht, dass Nello innerlich leer war, wie du sagst. Im Übrigen bin ich die letzte, die das beurteilen kann. Als Jugendlicher war er äußerst irritierend, daran erinnere ich mich noch. Aber ich weiß mit Sicherheit, dass er, wenn er gewollt hätte, viel zu sagen gehabt hätte ... alleine er verschloss sich derart, dass er nichts von seiner Innerlichkeit nach außen dringen ließ. Ihm gelang es immer nur die negativste Seite von sich herauszukehren. Uns beiden dann gelang es nie, wie zwei zivilisierte Personen zu kommunizieren; da war eine, sicherlich aus einem Missverständnis erwachsene Blockade. Schließlich konnten wir uns gegenseitig nicht ausstehen: er verachtete mich und ich hasste ihn.«

Sie ließ das Thema fallen, weil sie befürchtete, zu viel gesagt zu haben: gerade an diesem Tag von Hass zu sprechen, war wirklich unangebracht. Vera, dabei mit viel Eleganz die Tramezzini zuzubereiten, schien nicht zuzuhören. Elena beobachtete ihr Werkeln, die leidenschaftliche Wallung von vorhin bereits vergessend, die sie vor wenigen Minuten überkommen hatte. Sie hatte noch nie Tramezzini zubereitet; bei sich zu Hause, war sie an eine völlig andere Küche gewohnt.

Sie fragte sie: »Kannst du kochen?«

Vera wusste nicht sofort zu antworten. »Ich weiß es nicht. Nello hat immer gesagt, ich könne außer ein paar kalten Gerichten nichts zubereiten. Es war immer er, der kochte oder wir gingen aus.«

Der Tee war bereit und Elena schlug vor in der Küche zu bleiben, obwohl die Hocker ziemlich wackelig waren. Vera protestierte; im Wohnzimmer konnte man sich bequem hinsetzen.

Sie setzten sich auf ihre Plätze von vorhin. Keine von ihnen wagte es, mit dem Essen zu beginnen. Nach einem Moment der Verlegenheit stand Vera entschlossen auf.

»Willst du die ganze Wohnung sehen?«

Sie gingen zuerst in Nellos Zimmer. Die Wände waren vollständig mit vor Büchern überquellenden Regalen bedeckt. Es gab keinen Platz für ein einziges Bild. Ein alter Schreibtisch auf der einen Seite, eine Liege mit den Decken noch in Unordnung, wo offensichtlich jemand seine letzte Nacht verbracht hatte, ein Sessel, auch dieser in einem schlechten Zustand neben dem Fenster. Ein Perserteppich bedeckte den Parkettboden.

Elena sah sich um, den Bruder suchend, und fand ihn in den Büchern, den alten Büchern ihrer Jugend: Čechovs Erzählungen, sie erkannte den Umschlag sofort wieder, und all die anderen. Als er fortging, hatte er einen Koffer voller Bücher mitgenommen, das einzige Stück Vergangenheit, das er würdig befunden hatte, mit ihm um die Welt zu reisen. Behutsam nahm Elena einige vom Regal.

Vera sagte gleich: »Wenn du willst, nimm sie. Du solltest wissen, dass alles, was sich in der Wohnung befindet, jetzt dir gehört. Ich habe kein Anrecht.«

Elena unterbrach sie: »Denke nicht einmal daran. Hier bin ich diejenige, die keine Rechte hat. Ich will nichts. Doch wenn es dir nichts ausmacht, würde ich einige dieser Bücher mit nach Hause nehmen. Sie sind Teil meines Lebens ...«

Sie kamen zu Veras Zimmer. Elena wollte beinahe nicht eintreten, eine Art Verlegenheit zwang sie an der Tür stehen zu bleiben. Das Zimmer war voller Papiere, mit auf dem Fußboden gestapelten Büchern, auf den Stühlen Zeitschriften, Zeitungen. Die Wände geradezu mit Postern in verschiedenen Farben tapeziert, Zeitschriftenumschläge, Fotos.

Elena war verblüfft von dieser Unordnung: verschiedene auf den Boden geschmissene Dinge, Kleider, Strümpfe, Schuhe, Papiere, Bücher, alles durcheinander. Ein Chaos! Auf einer Seite ein ungemachtes Bett, für eine Person. Ihr fehlten die Worte. Vera erriet ihre Gedanken und schämte sich ein wenig, dann hob sie die Schultern und sagte: »Und das bin ich!«

Sie gingen ins Wohnzimmer zurück: ein anderer Planet, eine Wüste der Gefühle oder vielleicht der Triumph der Rationalität?

Nachdem sie einige Bissen hinuntergeschluckt hatte, konnte sich Elena nicht mehr zurückhalten: sie schliefen nicht einmal im selben Zimmer, sie hatte kein Ehebett gesehen, sie war befremdet.

»Hattet ihr etwas gemeinsam, ihr beiden? Gab es in eurer Beziehung auch das, was man Liebe nennt?«

Vera zeigte keinerlei Reaktion, wunderte sich nicht, ließ aber einige Minuten verstreichen, bevor sie antwortete.

»Was bedeutet Liebe? Ein überstrapaziertes Wort. Man liebt eine Katze, ein Paar Schuhe, eine bestimmte Farbe, eine Landschaft ... Ich habe gut zwölf Jahre mit ihm zusammengelebt und habe mich nie etwas gefragt. Sicherlich habe ich ihn gerne, sehr gerne. Er ist sogar der wichtigste Teil meines Lebens. Er ist ein Teil von mir. Er ist das andere Ich meiner selbst. Ich weiß nicht, wie ich das Gefühl definieren soll, das mich immer mit ihm verband; vielleicht ist es auch Liebe. Wer aber weiß, was hinter diesem Wort steckt. Ich stelle mir derlei Fragen nicht. Es interessiert mich nicht, es zu wissen.«

Sie schwieg einen Augenblick.

»Jetzt frage ich mich nur, wie ich ohne ihn leben soll. Ich habe ihn immer gebraucht, ob er auch mich, weiß ich nicht. Aber ich war nie in ihn verliebt. Das weiß ich mit Gewissheit. Er hat mich immer fasziniert. Für mich ist es immer ein Privileg gewesen, ihm nahe zu sein, im selben Haus wohnen zu dürfen, ihn am Abend hier vorzufinden, zu wissen, dass ich seine Frau bin.«

Sie unterbrach sich; ein Knoten schnürte ihr die Kehle zu. Sie trank einen Schluck Tee und versuchte die aufsteigenden Tränen hinunterzuschlucken.

»Er war verschlossen: eine Mauer trennte ihn vom Rest der Welt. Wer weiß, was ich dafür gegeben hätte, ihn zu kennen, einen Blick hinter diese Mauer zu werfen. Du siehst mich an ... ich habe ihn nie wirklich gekannt. Übrigens kennt niemand von uns den anderen und uns selbst kennen wir erst gar nicht. Aber lassen wir das, das würde zu weit führen.«

Sie schwieg wieder, beinahe, als wolle sie ihre Gedanken sammeln.

»Gewiss kann ich etwas über seinen verächtlichen, häufig verschwiegenen, immer verbitterten und je älter er wurde, umso negativeren Charakter sagen. Seine kleinen Gewohnheiten ... zum Beispiel seine seltsame Art zu essen, das ganze Schnitzel in kleine Stücke zu schneiden, bevor er zu essen begann, wie es bestimmt auch eure Mutter machte, als er Kind war; oder seine Manie die Tomaten in kochendem Wasser zu schälen, bevor er damit den Salat anmachte. Er sagte immer, die Haut der Tomate sei ihm zuwider, und Erdbeeren würde er nicht essen, wegen dieser Art Haut ...«

Elena lächelte. »Hat er diese Gewohnheiten bis zuletzt beibehalten? Ich kann das nicht glauben! Meine Mutter hat ihn als Kind furchtbar verwöhnt, sie ließ ihm alles durchgehen, vor allem beim Essen, da er mager wie ein Sargnagel war, und sich vor jedem Gericht, das sie ihm servierte, ekelte.«

Plötzlich brach Vera in Tränen aus.

»Wir reden von ihm in der Vergangenheitsform und gestern war er noch hier. Er hat vom Bad aus nach mir gerufen, während er sich rasierte. Er hatte starke Schmerzen in der linken Schulter und dann ein Stechen. Es waren seine letzten Worte. Der Arzt hatte ihn gewarnt. Er hätte mindestens zwanzig Kilo abnehmen sollen, aber es gelang ihm nicht. Er machte eine Zeitlang eine Diät mit Steaks und Salat, dann aber, bei dem regellosen Leben, zu dem er wegen seiner Arbeit gezwungen war, immer auf Achse, bis spät im Büro, war er nicht imstande sich zu kontrollieren.«

Sie beruhigte sich, trank noch eine Tasse Tee und rollte sich auf dem Sofa zusammen; sie war müde, hatte die ganze Nacht nicht geschlafen.

»Du hast gesagt, dass du ihn gehasst hast. Vor kurzem hast du gesagt, dass du ihn gehasst hast und dass er dich verachtet hat. Stimmt das? Zumindest deine Mutter und dein Vater, haben sie ihn geliebt? Er hat mir nie etwas über seine Kindheit erzählt, nichts von seinem Leben in Sizilien oder seiner Erfahrung in Deutschland. Ein Mann ohne Vergangenheit. Er hat mir nie von euch erzählen wollen, von deiner Mutter, nicht einmal als sie gestorben ist. Zurück aus Sizilien, nach ihrem Begräbnis, hat er, ich weiß nicht wie lange, nicht mehr den Mund aufgemacht; die seine war eine düstere, schweigsame Trauer. Er muss sie sehr geliebt haben.«

Elena, ebenfalls müde, wusste nicht zu antworten. Die Liebe der Mutter, das war so ein komplexes Thema, das sie lieber nicht angesprochen hätte. In all diesen Jahren, seit sie gestorben war, hatte sie nichts anderes getan als sich zu fragen, wer diese Frau war, von was sie gelebt hatte. Hatte sie die Kinder geliebt? Und wie war die Beziehung, die sie an ihren Mann gebunden hatte? Wenn sie an sie dachte, kam ihr die Episode mit Adams Rippe in den Sinn: Hätte die Mutter die Wiedervereinigung mit dem Körper gewollt, von dem sie mit roher Kraft losgerissen worden ist, ein Gedanke, der sie getroffen hat, als sie sie einmal den Gatten umklammern gesehen hatte. Sie schien mit seinen Lungen zu atmen, mit seinen Augen zu sehen, durch ihn zu leben. Der Rest der Welt existierte nicht: Für sie gab es nur diesen Mann, und keinen Moment hatte sie an ihm gezweifelt, denn sonst hätte sie am Leben selbst zweifeln müssen. Konnte man in diesem Fall von Liebe reden? Hatte eine derart symbiotische Beziehung, wie die der Mutter etwas mit Liebe zu tun?

Sie hatte letzte Nacht nicht geschlafen und die Aufregungen des Tages hatten den Rest erledigt. Sie verbot sich nachzudenken. Sie zog die Schuhe aus und streckte sich auf dem Sofa aus. Einigen Minuten später versanken beide in einen tiefen Schlaf, dabei war es noch nicht einmal sechs Uhr Nachmittag.

Gegen Acht wachten sie beinahe gleichzeitig auf.

Vera schlug vor Spaghetti zuzubereiten. Gefolgt von der noch schlaftrunkenen Elena ging sie in die Küche. Sie kannten sich erst seit einigen Stunden, spürten aber eine Art Gemeinschaft, ein Einvernehmen wie alte Freundinnen. Während sie gemeinsam kochten, stellte sich eine lockerere Atmosphäre ein, sie überraschten sich sogar dabei, einige Scherze zu machen, über manche Dummheit zu lachen.

Nello hatte nur erzählt eine Schwester zu haben, Klavierlehrerin, und fertig. Jetzt wollte sie mehr wissen, wollte sie kennenlernen. Was hat sie in all den Jahren gemacht? Nur unterrichtet? Und der Rest?

Elena war verlegen. Sie liebte es nicht, über sich zu reden, nicht nur das, sondern die derart surreale Atmosphäre dieser ultramodernen Küche, diese elegante, stilvolle Frau, die ihr einerseits Vertrauen einflößte, andererseits fremd blieb, verwirrte sie. Die ganze Zeit hatte sie den Eindruck, dass sie sich wie am Morgen während der Reise spaltete. Sie redete und hörte ihre Stimme anders, gekünstelte, neue Worte. „Ich erkenne meine Stimme nicht ... wird wohl von der Einrichtung dieser Wohnung abhängen ... Da muss eine andere Art der Resonanz sein. Auch meine Worte sind nicht die üblichen."

»Über mich gibt es wenig zu sagen. Bis ich zwanzig war, habe ich Klavier studiert und in all den Jahren, das heißt gut sechs Jahre war ich in meinen Lehrer verliebt! Eine banale Geschichte, beziehungsweise klassisch. Oder vielleicht auch nicht. Jetzt kommt mir vor, dass sechs Jahre lang Verliebtsein überhaupt nicht banal, sondern ganz im Gegenteil ein Privileg ist! Schau, das ist ein neuer Gedanke, wenn du bedenkst, dass auf das Verliebtsein die Liebe oder die Langeweile folgt, habe ich in einem Zustand der fortwährenden Gnade gelebt! Sechs Jahre im Zustand der Gnade, zwischen Höhen und Tiefen, Hoffnungen und Enttäuschungen, Träumen (ich träumte von ihm Tag und Nacht) und Frustration ... denn er bemerkte mich natürlich nie. Jede Klavierstunde war ein Wechsel zwischen Paradies und Hölle ohne Zwischenräume: Ich zitterte immer vor ihm. Aber vielleicht irre ich mich. Vielleicht war es bloß ein Fegefeuer ohne Alternative. Ich verließ dieses Haus aufgewühlt, in einem Zustand der absoluten Verwirrung. In der gesamten Zeit dieser sonderbaren Beziehung, die keine Beziehung war, habe ich nie vor ihm gespielt, ohne zu zittern! Jetzt, da ich mittlerweile seit Jahren unterrichte und die Beziehung Schüler – Lehrer ganz aus der Nähe kenne, frage ich mich, was er über mich dachte. Er musste meine Verwirrungen bemerkt haben. Er konnte nicht derart blind sein. Etwas musste er mitbekommen haben. Wer weiß, was ihm durch den Kopf ging. Später erfuhr ich von einem Geiger, der eine Zeitlang mit mir im

Duo spielte, dass dieser Typ etwas mit Männern hatte. Alle wussten es. Nur ich nicht! Du kannst dir meine Überraschung vorstellen. Aber ich war zu jung, ich hatte keine Erfahrung, ich kannte nur die Freunde Nellos ein wenig, einige Mitschüler. Die Welt begann und endete für mich in Ognina.«

Sie schwieg, nachdenklich. Es vergingen einige Minuten, was Vera respektierte. Sie spürte sie weit entfernt, eingeschlossen in einem Kokon wie ihr Bruder. Auch sie hatte diese eigenartige Fähigkeit sich hermetisch einzuschließen, sich der Welt hinter einer Mauer aus Frost zu entfremden. Doch sie löste sich sofort.

»Das letzte Mal, da ich dieses Haus verließ, ich rede von dem Haus des Lehrers, war ich überzeugt, mich von einer Last befreit zu haben, eine untragbar gewordene Situation geklärt zu haben; ich wusste nicht, dass es im Leben nichts Endgültiges gibt, den Tod ausgenommen. In Wirklichkeit trug ich diese Geschichte viele Jahre lang in mir, wie eine Wunde, die nicht vernarben wollte; ich spreche immer noch davon und es sind beinahe zwanzig Jahre vergangen. Es ist nicht zu glauben, aber in den darauffolgenden Jahren habe ich mich nie mehr wie jenes erste Mal verliebt; ja, ich habe weitere Beziehungen gehabt, Geschichten, in die ich mich aus Verzweiflung gestürzt habe ... wie damals, als ich ganz kalt beschlossen habe, mich entjungfern zu lassen! Du wirst es nicht glauben, mit dreißig, trotz einiger Verehrer – schon allein dieses Wort finde ich zum Lachen, aber ich finde kein anderes, um den Typen zu bezeichnen, der dir nachsteigt und sich nicht entschließen kann, den ersten Schritt zu machen – ja, ich meine einige äußerst schüchterne Verehrer und keiner hat es gewagt mich ernsthaft zu küssen, mich zu berühren, mir das Gefühl zu geben, einen Körper zu haben: alle haben mich respektiert! Schließlich sah ich mich gezwungen, die Initiative zu ergreifen. Ich weiß nicht, wie hier im Norden die Dinge laufen, in Sizilien aber fühlt sich ein Mann verpflichtet ein seriöses Mädchen zu respektieren, solange er sich nicht entschlossen hat, es zu heiraten: meistens wartet er die erste Nacht ab, die berühmte erste Nacht. In diesen Dingen sind wir noch sehr rückständig, das erkenne ich daran, wie du mich ansiehst. Die Tradition, die von der Kirche und der Gesellschaft aufgestellten Verbote, alles lastet auf unseren Schultern ... wir Sizilianer sind bedeutend arabisierter als man glaubt; wenn sie könnten, würden uns die Männer wieder das Gesicht verschleiern! Sie haben uns ein Jahrtausend lang isoliert und würden fortfahren es auch heute noch zu tun.«

Sie erkannte sich nicht wieder; sie hatte noch nie mit jemanden so gesprochen, aber diese Gedanken waren ihr nicht neu.

»Ganz zu schweigen von diesem unverwüstlichen Gefühl der männlichen Überlegenheit, sich in jedem Fall über uns erheben, diese Gruppenbildung unter ihnen und dabei uns immer auszuschließen, auch wenn wir Kollegen und ihnen ebenbürtig, wenn nicht gar besser sind. Der Straßenkehrer, der meinen Müll mitnimmt, sieht mich von oben herab an, in seinen Augen lese ich immer die Bestimmtheit des herrschenden Mannes ... Es würde zu lange dauern, dir zu erklären versuchen, wie wir bis zu diesem Moment gelebt haben und wie wir weiterhin leben. Während ich dir von uns erzähle, fühle ich einer archaischen Kultur anzugehören, einem Volk, dessen Wurzeln jenseits, weit jenseits der Gesellschaften stecken, die wir kennen. Mir scheint ein Glied, nur ein Glied einer sehr langen Kette zu sein, die ihren Anfang wer weiß wann, in einer Zeit ohne Maß, ohne Umrisse, ohne Anfang und ohne Ende nimmt. Auf jeden Fall in Zeiten jenseits der Geschichte: Das sind unsere Ursprünge. Wir befinden uns außerhalb der Geschichte, und ich spreche zu dir von den Menschen, die auf dieser Insel leben, nicht von denen, die von außen gekommen sind, um uns zu erobern und auf ihre Weise versucht haben uns zu zivilisieren. Die Siculi, die alten Sizilianer, haben all die verschiedenen Zivilisationsversuche überlebt, sind immer die von einst geblieben, die Insulaner, die Eingeborenen mit all ihren Traditionen, ihren Riten, der Finsternis ihres Volksglaubens, unfähig sich weiterzuentwickeln, Fortschritte zu machen, dem Lauf der Geschichte zu folgen. Nichts. Sie sind immer dort stehen geblieben, an ihre tausendjährigen Wurzeln geklammert und ich sage dir das nicht voller Stolz, das musst du mir glauben ... aber ich will dir jetzt nicht die Geschichte meiner Insel vortragen.«

In ihrer Stimme klang die Verbitterung Nellos mit, vielleicht etwas mehr als Verbitterung: eine Art komprimierter Zorn, Ohnmacht.

Vera beobachtete sie lebhaft interessiert.

»Ich hingegen möchte verstehen, möchte wissen. Unsere Geschichte ist anders als eure, ich weiß es, aber ich habe nie über die Auswirkungen nachgedacht, die der politisch-soziale Faktor auf die Position der Frau haben könnte. Recht besehen ist es die Politik, die ein sexuelles Verhalten definiert, unterdrückt oder liberalisiert, nicht nur die Kirche. Und die Wirtschaft. Die Politik und die Wirtschaft.«

Sie wusste nicht weiter, zu überrascht nicht schon vorher zu diesem Schluss gekommen zu sein.

Elena hatte ihr nicht zugehört. Ihre Gesichtszüge hatten sich verkrampft. Jetzt vermied sie es den Augen Veras zu begegnen und schaute beharrlich das Bild an, das vor ihr hing. Sie sprach, als ob sie alleine im Zimmer wäre. Ein sich Erinnern mit lauter Stimme. Nichts weiter.

»Ich denke noch mit einem gewissen Ärger an dieses erste Mal. Er war ein Musiker, er spielte manchmal mit uns im Trio. Ein Cellist. Er war nicht einmal besonders gut, aber wir haben keinen besseren gefunden und er war verheiratet. Nach einem Konzert in Messina, kam er mit einer Ausrede zu mir ins Zimmer. Ich verstand gleich, was er wollte und ohne groß überzeugt zu sein, ohne selber zu wissen, was ich tat, erlaubte ich ihm ... ich dachte er müsse eine gewisse Erfahrung haben, da er eine Frau hatte. Stattdessen war er sehr derb, erledigte die Angelegenheit in wenigen Minuten, beinahe als wäre ich eine Prostituierte! Vielleicht wollte er nicht, dass der Geiger, mit dem er das Zimmer teilte, irgendeinen Verdacht schöpfte, ich weiß es nicht. Ich verstand seine Eile nicht. Als er bemerkte, dass ich noch Jungfrau war, war er wie vom Blitz getroffen. Er rannte davon, sich beinahe entschuldigend. Was für eine Pein, was für Elend. Ich habe nur gedacht: Jetzt bin ich wie alle anderen. Am nächsten Morgen erzählte mir der Geiger, dass unser Kollege sehr früh mit dem ersten Zug losfahren musste, wegen gewisser Missverständnisse mit seiner Frau: ein Feigling. Und Feiglinge wie dieser, sind mir viele begegnet. Auf jeden Fall sah ich ihn nicht mehr, wollte ihn nicht mehr sehen. Ich weiß nicht ob mein Kollege, der Geiger etwas mitbekommen hat, aber er akzeptierte das Argument der mangelnden Musikalität des Cellisten, ohne zu diskutieren. Ich aber habe eine gewisse Zeit gebraucht, um zu begreifen, was tatsächlich geschehen war.

Obwohl ich überzeugt war, dass ich aus dieser Art magischer Kreis, in dem ich lebte und weiterhin lebe ausgebrochen war, befreite mich jene Episode an und für sich überhaupt nicht von den tausendjährigen Ketten, die in Wirklichkeit auf meinen Schultern lasten, von den Hemmungen, den Schuldgefühlen, die man mit der Sexualität in Verbindung bringt.«

Sie hielt, überrascht von diesem seltsamen Rededrang, inne, den sie von sich nicht kannte.

»Ich habe diese Geschichte nie jemandem erzählt. Ich weiß nicht, warum ich mich gerade heute Abend an diese inzwischen so ferne, fast vergessene Episode erinnert habe. Mir ist der Ekel für Hotelzimmer geblieben, für die häufig schmutzigen, groben und in Wirklichkeit schwachen Männer, besorgt nur sich mittels dieser Art Anhängsel zu behaupten, auf dem sich ihre ganze Überlegenheit gründet. Nach einer ersten Fassungslosigkeit begann ich zu denken, dass da noch Anderes sein müsse, ansonsten könne man nicht verstehen, warum die Frauen noch und immer die Gesellschaft der Männer suchen. Da muss etwas sein, was ich nicht verstanden habe. Ist es vielleicht eine Sehnsucht nach Symbiose oder Ähnlichkeit, der menschlichen Wärme: ineinander aufgehen, sich im anderen annullieren, eine rein physische Suche, ich würde sagen, eine Art tierischer Kontakt, alles Dinge, die ich mir vorzustellen versuche ... Sehnsucht nach einem vielleicht bekannten oder nur ersehnten Paradies, oder vielleicht nichts von alledem: die Fortpflanzung. Also. Der ursprüngliche Instinkt, vom Menschen verzerrt, entstellt ... ich weiß nicht, was ich daherrede, ich versuche zu verstehen, zu erklären.«

Sie unterbrach sich plötzlich, in der Realität dieses Zimmers zurück und kalt, distanziert schaute sie ihr direkt in die Augen.

»Ich würde gerne wissen, was du denkst.«

Vera hatte sie die ganze Zeit angestarrt, von einem Erstaunen ins andere gleitend. Elenas Frage ließ sie zusammenzucken: Dachte auch sie an ihre erste Erfahrung, an die Verzagtheit, an dieses Gefühl der Einsamkeit, das auch sie kennengelernt hatte, obwohl sie nicht auf Sizilien geboren war.

»Nie hat mir jemand mit so viel Leidenschaft erzählt … ich weiß nicht, wie ich es sagen soll, mir fehlen die Worte, aber ich denke an eine allen Frauen gemeine Erfahrung; einige sind sich dessen nicht bewusst beziehungsweise verdrängen das Geschehene, wie wenn einem ein Zahn gezogen wird, andere haben mehr Glück und begegnen einem feinfühligen, ehrlich verliebten Mann, aber auch die Liebe macht einen Mann nicht sensibel, wenn er es nicht schon von Natur ist. Ich kann dir nichts anderes sagen. Aber du, was hast du nachher gemacht?«

»Ich habe angefangen Bücher über die weibliche Sexualität zu lesen. Du kannst dir nicht vorstellen, wie schwer es war, diese Bücher zu finden! Du musst dir das Gesicht der Buchhändler vorstellen: einer hat zwischen den Zähnen herausgepresst, dass es dafür keine Bücher braucht … er hätte mir gezeigt, wie man das macht … verstehst du, in welcher Welt ich lebe? Ich habe aber vor allem Bücher über die Psychoanalyse gefunden, freudsche und andere. Was soll ich sagen? Mehr oder weniger wurde die weibliche Erotik negiert, die Frau auf ein Instrument der Fortpflanzung der Gattung reduziert, geschaffen, um die Notwendigkeiten – unter Anführungszeichen – des Mannes zu befriedigen und nichts weiter. Die weibliche Frigidität, das Ergebnis hundertjähriger moralistischer Unterdrückungen, wird immer als eine Art Behinderung, eine Unvollkommenheit rein organischer Natur betrachtet; daher die bekannte Hysterie und die anderen typischen Krankheiten der unbefriedigten Frau. Der Mann, einziger Verwahrer der sogenannten sexuellen Potenz, verfügt allein über die Möglichkeiten, eine Frau zu befreien oder sie fürs ganze Leben zu hemmen. Praktisch war nach Ansicht der Ärzte und Analysten der Orgasmus einer Frau dem männlichen Willen oder seiner Feinfühligkeit unterworfen. Das Buch einer amerikanischen Soziologin hat mir dann endlich die Augen geöffnet, hat mich viele Dinge verstehen lassen.«

Nachdenklich schwieg sie, fuhr aber gleich wieder fort: »Jetzt macht man nichts anderes, als über Sexualerziehung zu reden; ich frage mich, ob die, ganz allgemein, möglich ist; man müsste an Mädchen und Buben Handbücher verteilen. Man müsste studieren. Ein Fach wie jedes andere, vielleicht ernster als manch anderes und komplexer. Es bräuchte Lehrer für Sexualität, so wie es sie für Mathematik gibt. Was denkst du? Alle Tabus beseitigen, die im Bewusstsein sei es der Frauen, sei es der Männer verankert sind. Auch sie hätten viel zu lernen. Was die Kunst zu lieben betrifft, scheint mir, dass sie in der Steinzeit stehen geblieben sind.«

Sie hielt einen Moment inne, obwohl sie keine Antwort erwartete, wollte aber ihre Gedanken sammeln: Es war sehr seltsam für sie, mit einer Fremden über so intime Probleme zu sprechen. Sie dachte daran, dass viele Menschen im Zug die Angewohnheit hatten, Familiengeheimnisse, Beschämendes und anderes mehr mit Menschen zu teilen, von denen sie wissen, dass sie sie nie wiedersehen werden. Woher kommt dieses Bedürfnis zu reden, private Geschichten zu erzählen, dieses uralte Bedürfnis sich auszusprechen?

»Ich habe verstanden aber nichts erledigt. Ich habe gedacht, nicht für die herkömmliche Liebe gemacht zu sein ... das heißt für den vom Gesetz und der Moral erlaubten Sex, den Sex, der mit der Liebe verwechselt wird ... ganz zu schweigen davon, dass ich noch heute nicht weiß, wie ich die Liebe an und für sich definieren soll. Vielleicht habe ich mich aus diesem Grund gerade in den verliebt, der mich mit keiner Liebe hätte lieben können. Eine unbewusste Reaktion.«

Sie schwieg abermals, fing sich aber sofort wieder und, da sie auf ein anderes Thema übergehen wollte, nahm sie das vorherige wieder auf.

»Nello war einer der letzten, der fortging, vielleicht weißt du das. Alle Jungen gingen fort, Rom, Bologna, Mailand, er ging sogar nach Deutschland. Keiner von ihnen blieb, ich hingegen blieb, eingeschlossen in den Mauern unserer Wohnung. Alleine mit meinem Klavier! Das klingt sehr pathetisch, nicht wahr?«

Die bewusst leichte Art, in der sie diese Worte aussprach, klang irgendwie falsch,

Sie schwiegen lange, jede in die eigenen Gedanken versunken. Vera war von den eben gehörten Vertraulichkeiten getroffen. Mit sehr leiser Stimme, mit Diskretion fragte sie: »Bist du jetzt alleine?«

»Ja, ich bin alleine. Es hat mir viel Mühe gekostet ein Gleichgewicht zu finden, mich zu festigen, an meine Kräfte zu glauben, nur an meine Kräfte. Ich habe kein Vorbild gefunden; unsere Mütter haben es uns nicht geliefert ... verzeih mir, ich spreche von mir und der Welt, aus der ich komme, du aber ...; ich habe alleine eine Identität gesucht, eine Richtlinie, eine Vorgabe, ich weiß nicht, wie ich es sagen soll; ich habe mich selber gesucht, meine Identität als Frau. Und ich suche immer noch. Vielleicht muss ich ein Leben lang suchen, wer weiß. So habe ich beschlossen, niemandem mehr zu erlauben mich zu stören. Jede Beziehung war immer von Frustrationen begleitet, ich möchte sagen von Demütigungen ... ich weiß nicht, wie ich das Nachher bezeichnen soll, die Einsamkeit des Nachher, dieses Gefühl der Leere, der Verlassenheit, das unaussprechliche Unwohlsein des Nachher. Die kläglichen Täuschungen des Lebens, die jeder vor sich selbst zu verbergen sucht. Aber vielleicht habe ich auch nur Pech gehabt. Ich habe keine Hoffnung mehr, einem

Mann zu begegnen, der mir Zuneigung schenken kann, das Verständnis, das ich brauche. Aber vielleicht ist das ein mir eigener Mangel, vielleicht bin ich selbst unfähig die Zuneigung zu schenken, die ich in den anderen suche. Ein Defizit in meiner Gefühlserziehung. Ich lebe alleine gut, ich bin an die Einsamkeit gewohnt und sie fällt mir nicht zur Last; eine Einsamkeit zu zweit wäre schlimmer! Die großen Lieben, die großen Leidenschaften spielen sich alle in unseren Köpfen ab; die Räume für die großen Leidenschaften werden immer enger, gehen zur Neige, erschöpfen sich in einer rohen Wirklichkeit, in der nur das materielle Wohlergehen zählt. Wir leben im goldenen Zeitalter des Wohlergehens, überall findet eine Explosion des Wohlergehens statt. Wer denkt noch an die Leidenschaften, an die Liebe, die nur dann zur Leidenschaft wird, wenn sie behindert, nicht in ihrer banalen Alltäglichkeit gelebt wird. Stell dir Tristan und Isolde in dieser ultramodernen Wohnung vor, in dieser Küche ... Isolde, die für Tristan in dieser Küche das Mittagessen zubereitet ... Hier kühlen die glühendsten Gefühle ab, alles zerfällt beziehungsweise gefriert in der Rationalität dieser Atmosphäre. Ich kann mir keinerlei Gefühlsexplosion in einem Zimmer wie diesem vorstellen. Entschuldige, ich will nicht bezweifeln ... ich weiß nicht, was ich daherrede. Ich fahre trotz all der Jahre der Trennung fort Nellos Schwester zu sein: Wir haben eine gemeinsame Wurzel, wir kommen aus derselben Gebärmutter.«

Sie schwieg und in ihren Augen leuchtete für einen Augenblick dasselbe sarkastische Licht Nellos, das Vera so gut kannte.

»Zum Glück habe ich eine Arbeit, die mich immer mit Energie, mit Begeisterung erfüllt. Am Abend, nach fünf, sechs Stunden Unterricht bin ich müde und kann sagen, dass ich mit meiner Einsamkeit glücklich bin, niemandem

Rechenschaft ablegen muss, wenn da nicht mein Vater wäre ...«

»Ich bin nie allein gewesen. Ich glaube, dass ich nie allein sein könnte. Offensichtlich weiß ich mir nicht selbst zu genügen. Ich bin nicht so stark wie du: Ich denke in der Tat, dass um die Einsamkeit ertragen oder auch nur akzeptieren zu können sehr viel Mut, viel Kraft erforderlich ist. Ich habe immer einen Mann gebraucht, der mich beschützt ...«

Elena riss die Augen auf: Eine moderne Frau, eine sozusagen emanzipierte Frau, die noch den Schutz eines Mannes sucht? Und Nello war imstande wen auch immer zu beschützen? Gerade er?

»Nello beschützte dich? War er dazu fähig? Entschuldige, ich rede immer noch als Schwester, die im Bruder nicht einen Mann sieht – ich drücke mich schlecht aus – einen Mann, fähig eine Frau zu lieben.«

»Ich weiß nicht, ob er mich geliebt hat, wenn es das ist, was du wissen willst. Sicher ist er nie in mich verliebt gewesen. Das weiß ich mit Gewissheit. Er hat mir nie den Hof gemacht, vielleicht war er dazu nicht fähig. Vielleicht betrachtete er den Akt des Umwerbens als eine wenig seriöse, banale Sache, eines Kleinbürgers! Vielleicht war er nur unfähig seine Gefühle zu zeigen. Wer weiß. Schlussendlich denke ich, dass er hinter all dieser Arroganz eine extreme Schüchternheit, eine große Verletzbarkeit verbarg. In seinem Kopf musste es ein Missverständnis, einen Fehler hinsichtlich der Essenz der Männlichkeit geben.«

Sie wurde augenblicklich traurig, hatte einen wunden Punkt berührt.

»Er war nie galant, ganz im Gegenteil, ich kann sagen, dass er mit Komplimenten sehr sparsam war. Er betrachtete auch das als ein Zeichen der Schwäche. Ich weiß es nicht. Stell dir vor, dass er mich in Momenten der Intimität ‚Muschelgesicht‘ zu nennen pflegte, weil ich laut ihm ein flaches Gesicht habe! Ich weiß nicht, ob man das als Kompliment bezeichnen kann.«

Sie unterbrach sich. Sie dachte über den Sinn der eigenen Worte nach.

»Wenn ich es recht überlege, gab er mir keinerlei Gefühl der Sicherheit ... Entschuldige mich, ich denke laut nach und den Gedanken fehlt manchmal die Logik! Er sagte immer, dass ich eine ganz besondere Art habe unlogisch zu sein: wenn man das jahrelang hört, glaubt man es am Ende auch und wird es auch! Ich war mit einem Mann zusammen, der, ich wiederhole es, mir kein Gefühl der Sicherheit gab. Absurd. Vielleicht hatte er recht.«

Sie schwieg nachdenklich.

»Ich weiß wirklich nicht, wie ich unsere Beziehung erklären soll. Er war ein extrem komplizierter Mann, ein unentwirrbares Labyrinth von Gedanken, die nur er mit großer Nüchternheit in den sehr seltenen Momenten, in denen er das Bedürfnis zu sprechen hatte, klären konnte. Manchmal denke ich, dass er auch mit einem Stuhl so sprechen hätte können, da ihm meine Kommentare völlig gleichgültig waren, im Gegenteil, sie störten ihn, unterbrachen bloß den Fluss seiner Ausführungen. Nach jeder dieser Erfahrungen hatte er das seltsame Gefühl einen Blick in einen Abgrund geworfen und nicht einmal den Boden oder die Umrisse erahnt zu haben. Mit der Zweideutigkeit, die ihn trotz der Klarheit seiner Ausführungen auszeichnete, gelang es ihm immer sich selbst, den wichtigsten Teil seines Ich, im Gegenlicht, beziehungsweise Zwielicht zu lassen. Mir schien, ihn immer von hinten, nie von vorne zu sehen: immer nur den Nacken, nie das offene Gesicht, ich weiß nicht, ob du mich verstehst. Seine Augen versteckten sich hinter einem Schleier der Ironie, etwas, das ich bis zum letzten Augenblick nicht zu sehen, zu entschlüsseln, zu verstehen vermochte. Wer oder was hat diesen Mann verstümmelt? Er schien unfähig zu fühlen, ich weiß nicht, wie ich es sagen soll, er war wie einer, der die Liebe nicht als Gefühl kennen gelernt hat, wie wenn ihn nie jemand gehätschelt, gestreichelt hätte; ich will nicht in die Details gehen, aber er vertrug zum Beispiel meine Zärtlichkeiten nicht und er selbst war sehr zurückhaltend. Nie eine Zärtlichkeit, ein Zeichen ... Bei all dem habe ich nie glauben wollen, dass er nur ein Gehirn ist. Reden war für ihn nur ein rein intellektueller Vorgang, die Gefühle fanden da nicht den mindesten Raum. Jede Gefühlsregung war ihm verdächtig: weiblich, sagte er verächtlich. Denke nur, wir haben nie gestritten, ich meine diese Streitereien, bei denen man schreit, sich ohne zu überlegen Beleidigungen ins Gesicht schleudert. Wenn ich zu einer Rauferei Lust hatte, ging er aus dem Haus und kam am nächsten Tag wieder. Die ersten Male dachte auch ich daran, wegzulaufen. Dann habe ich mich daran gewöhnt ... und habe aufgehört zu streiten.«

Sie schwieg. Sie ging in die Küche und nahm eine Flasche Wein. Immer noch schweigend, konzentriert, beinahe als folge sie einem Gedanken, entkorkte sie die Flasche und goss sich ein Glas ein. Sie ließ es auf dem Tischchen stehen.

»Wir haben uns in Bologna kennen gelernt, wir waren in derselben kommunistischen Zelle. Wir blieben Kommunisten trotz Sechsundfünfzig. Es hatte Jahre gedauert, bis wir die Bedeutung dieses Aufstands begriffen, mein damaliger Verlobter war ein überzeugter Kommunist, ein richtiger Politiker, ein Parteifunktionär, aber er war vor allem handgreiflich, cholerisch. Er hatte die Gewohnheit mich sogar in der Öffentlichkeit zu ohrfeigen! Und ich ertrug ihn. Wenn ich daran denke, möchte ich den Kopf an die Wand schlagen.

Siehst du, was für ein Mensch ich bin? Ich dachte, auch das wäre Liebe.«

Sie schüttelte tief durchatmend den Kopf.

»Nello wohnte einige Male solchen Szenen bei, von meiner Reaktion überrascht. Was für eine schreckliche Geschichte!«

Von den Erinnerungen überwältigt zog sie sich in ein langes Schweigen zurück. Sie tauchte daraus trauriger als zuvor wieder auf.

»Nello bewunderte meinen Vater, einen alten Kommunisten und ehemaligen Partisanen. Bei uns zu Hause waren wir alle Kommunisten, sogar der Kater Carlo! Mein Vater war ein Arbeiter ... mir scheint, ich erzähle eine banale Geschichte, die klassische Geschichte einer Familie aus der Emilia. Aber ich weiß nicht, was ich machen soll, ich kann sie nicht ändern. Er lebte wirklich nur für die Idee. Er ging zu allen Versammlungen der Partei, auf die Festa dell'Unità: Er fehlte bei keiner Kundgebung. Er wurde verschiedene Male nach Russland eingeladen, offiziell. Er besuchte Fabriken, Kolchosen. Du kannst dir seine Begeisterung, wenn er zurückkam, nicht vorstellen: er steckte alle an. Heute, zwanzig Jahre danach, frage ich mich, was er wirklich in Russland gesehen hatte; trug er auch dort seine berühmten Scheuklappen? Oder zeigten sie ihm nur das, was sie wollten? Nello war von ihm bezaubert, er kam oft zu uns, obwohl wir zehn Kilometer von Bologna entfernt wohnten. Er tauchte immer zufällig auf – sagte er, wie um sich zu entschuldigen – vor allem sonntags. Er wurde nicht müde ihm zuzuhören, Stunden über Stunden. Mein Vater erzählte immer dieselben Geschichten, die wir auswendig kannten. Er starb einige Jahre nach dem Bau der Berliner Mauer. Auch auf die Mauer reagierte er nicht negativ ... wir waren befremdet, desorientiert, aber konnten unmöglich diskutieren; er war in einer

Vergangenheit des Kampfes, der Ideale verankert, die langsam vor unseren Augen zerbröselten, während er alles blind und voller Leidenschaft leugnete. Wir haben nie verstanden, ob es nur eine gewollte Blindheit war. Wir fühlten, wie uns der Boden unter den Füßen entglitt und er fuhr fort die alten Träume zu träumen. Wenn du bedenkst, dass seit den Kriegsjahren – und ich noch Kind, erinnere mich an dieses Klima der Verschwörung voller Geheimnisse, voller Schrecken, wenn mein Vater plötzlich nachts heimkam – bei mir zu Hause von der sozialistischen Sache wie von einer Art Sonne geredet wurde, die die gesamte Menschheit erleuchten und wärmen würde! Mutter ist eine sehr starke Frau. Eine richtige Emilianerin. Ich glaube nicht, dass mein Vater ohne sie den Mut aufgebracht hätte, sich bei all den für uns heute unvorstellbaren Gefahren in dieses Abenteuer zu stürzen: sie unterstützte ihn nicht nur, sie verteidigte ihn auch ... ich kann es dir nicht erzählen. Sie wurde ungefähr sechs Monate eingesperrt, bis zur Befreiung. Ich blieb mit der Großmutter alleine. Meine Geschwister sind nach dem Krieg geboren. Aber nachher sprach niemand mehr von der Mutter, so wie auch von den anderen Partisaninnen; nur mein Vater, nur die Männer wurden bejubelt. Die Helden des Widerstands waren nur männlichen Geschlechts; die ganze Mitarbeit, die ganzen Leiden, die von meiner Mutter und den anderen Frauen ertragenen Erniedrigungen, wurden bald vergessen. Meine Mutter war die erste, die spürte, dass im sowjetischen System nicht alles funktionierte, wie sie uns glauben machen wollten, aber wehe man sprach darüber mit dem Vater. Er reagierte darauf auf die übliche Art ... die Frauen müssen den Mund halten, wenn die Männer von Politik reden! Die Politik ist nichts für Frauen! Die Gleichheit der Geschlechter wurde nur in der Parteisektion praktiziert. Zu Hause kehrte man zu den alten Systemen zurück: meine Mutter arbeitete den ganzen Tag in der Fabrik, wie mein Vater. Sie kamen gemeinsam nach Hause und er setzte sich hin und las die Unità, während meine Mutter in die Küche ging. Ich beobachtete das alles und lange Zeit fand ich das völlig normal. Die Hausarbeit, dachte ich, ist reine Frauensache. Einmal fragte ich meine Mutter, warum immer ich ihr helfen müsse und die Brüder draußen Ballspielen durften. Meine Mutter sagte mir, dass es immer so gewesen ist ... es wäre für einen Mann zu erniedrigend gewesen einen Besen in die Hand zu nehmen, oder einen Teller vom Tisch in die Küche zu tragen! Mein Vater zog die Mühen meiner Mutter nie in Betracht und kapierte auch nicht, dass auch eine Frau nach einem Arbeitstag das Recht hatte müde zu sein. An all das dachte ich viel später, als ich bereits in Mailand lebte. Ich habe mit meiner Mutter darüber gesprochen, die auch eine intelligente Frau ist. Weißt du, was sie mir geantwortet hat? „Setz dir nicht die Flausen von der Emanzipation in den Kopf. Das ist alles Blödsinn. Es gibt keine Gleichheit der Geschlechter ... in jeder Zweierbeziehung gibt es immer einen der unten ist, den Schwächeren, vergiss das nicht." Meine Mutter lebt noch in derselben Wohnung, in der ich auf die Welt gekommen und aufgewachsen bin, eine sehr armselige Wohnung ohne irgendeine Bequemlichkeit. Sie führt ein einsames Leben, seit meine Brüder verheiratet sind und ebenfalls weit weg wohnen.«

Sie schwieg. Sie kniff die Augen zusammen, als wolle sie die Erinnerungen zwingen mit aller Kraft zurückzukommen.

»Manchmal denke ich an diese Zeit, an das heroische Klima der Nachkriegszeit. Meine Brüder waren mehr denn je überzeugt, dass die Wahrheit nur in Russland existiere, weißt du, die Wahrheit in Großbuchstaben, und sie zogen es vor, lieber den überspannten Worten meines Vaters zuzuhören, als den Zweifeln, den Anklagen meiner Mutter. Ich schloss mich der Skepsis meiner Mutter an; ich spürte, dass ich mich aus einer Art Solidarität auf ihre Seite schlagen musste, auch wenn ich mich dann in der Partei von den feurigen Sprüchen der Funktionäre mitreißen ließ ... ganz zu schweigen davon, dass ich bereits mit sechzehn in einen von ihnen verliebt war. Sechsundfünfzig war für unsere ganze Familie ein besonders schwieriges Jahr: Du musst bedenken, dass auf dem XX Parteitag Chruschtschow die Figur Stalins entmythisiert hatte, seine Verbrechen, die Gräueltaten, die seine Diktatur gekennzeichnet hatten, anprangerte. Das sind Dinge, die du vielleicht nicht weißt, aber bei mir zu Hause sprach man über nichts anderes. Mein Vater verehrte Stalin; bei seinem Tod ließ er sich ein schwarzes Band an die Jacke nähen; für ihn war er ein Vater, ein Gott, eine Art Retter der Menschheit. Er wollte nichts vom Persönlichkeitskult hören. Er war so blind, dass er mir manchmal Leid tat und ich glaube, dass meine Mutter mit mir fühlte. Nello mit seiner ganzen Intelligenz, seiner Ironie wurde vor meinem Vater zum kleinen Kind voller Bewunderung. Ich weiß wirklich nicht, was er in ihm sah. Ich hatte den Eindruck, dass er noch auf der Suche nach einem zu bewundernden, zu liebenden Vater war! Als er starb, sah ich Nello mit feuchten Augen. Das erste und letzte Mal. Gleich nach dem Begräbnis fragte er mich aus heiterem Himmel, ob ich mit ihm nach Mailand kommen möchte; er hatte ein Arbeitsangebot bekommen, wusste nicht, ob etwas daraus würde, aber er wollte Bologna auf jeden Fall verlassen, wollte sein Leben verändern und als allererstes gab er den Parteiausweis zurück. So endete dieses Kapitel der aktiven Politik, für alle beide. Das war seine sogenannte Liebeserklärung! Stell dir vor, er fragte mich nur, ob ich mit ihm gehen wolle ... er hielt sich keinen Augenblick damit auf, mich zu fragen, ob ich ihn liebe, noch hielt er es für nötig mir zu sagen, dass er mich liebte. Bis dahin waren wir nur Genossen gewesen, zwischen uns hatte es nichts gegeben. Ich war seit jeher fasziniert, unterjocht, ich weiß nicht, ob auch verliebt ... Ich weiß, gerade eben habe ich gesagt, dass ich nie in ihn verliebt gewesen bin, aber unsere Beziehung ist in einem anderen Klima, außerhalb der Normalität entstanden und gewachsen. Außerdem, wer entscheidet schon, was normal ist? Aber lassen wir das.«

Sie hielt inne.

»Ohne auch nur einen Moment nachzudenken, sagte ich ja zu ihm. Ich war bereit meine Sachen zu packen, meine Familie zu verlassen, meinen Verlobten, meine Freunde, meine Arbeit, an der mir sehr viel lag – ich war Berichterstatterin einer drittklassigen Zeitung, ich machte da ein Praktikum. Kannst du dir das vorstellen?«

»Das scheint mir eine richtiggehende Liebesgeschichte bürgerlichen Stils zu sein ... entschuldige, ich meinte banal, wie jede Liebesgeschichte dieser Welt. Und ich bin überzeugt, dass auch er dich trotz seines so rätselhaften, unergründlichen Charakters geliebt hat. Warum hätte er dich sonst ausgewählt, warum hätte er all die Jahre mit dir gelebt? Was für ein seltsamer Mann!«, sagte Elena, die ihr sehr interessiert zugehört hatte. Sie entdeckte einen Nello, der ihr völlig unbekannt war. Nichtsdestotrotz wirkte das feine Gift der Eifersucht, wie der Biss einer Viper in ihr. Aber es war nur ein Augenblick: Die Tränen, die er beim Tod ihres Vaters vergossen hatte, war ein Affront. Sie erinnerte sich an seine harten, trockenen Augen, seinen Ekel vor Vaters Leid und an die unwürdige Flucht, um nicht der Beerdigung der Mutter beiwohnen zu müssen. Jahrelang war er nicht mehr aufgetaucht und auf die Umarmung des weinenden Vaters hatte er mit Verärgerung reagiert, mit einem Gefühl der Abscheu, die sie sogar auf ihrer Haut gespürt hatte. Auf die Mutter, klein, in sich zusammengesunken wie ein Kind, so abgemagert war sie, hatte er nur einen Blick geworfen, die Augenbrauen hochgezogen und das war alles gewesen. Eine Szene, die sie nie vergessen würde.

Während Vera fortfuhr zu erzählen, spürte Elena eine Welle der Bewunderung, der Sympathie aufsteigen: wie schön sie sprach und wie spontan sie war. Nie hatte sie eine Frau wie diese kennengelernt. Ihre Ideen waren klar und logisch. Bereits die Art die Eltern einzuschätzen, emotionslos, objektiv, faszinierte sie. Sie war nüchtern und hatte ihr völlig unbekannte Erfahrungen gesammelt. Die Politik war ein Argument, über das bei ihr zu Hause bei Tisch gerade einmal zwei Worte verloren wurden, wenn es viele waren. Sie erinnerte sich, wie Nello einmal während eines der berühmten sonntäglichen Mittagessen mit seinem üblichen provokanten Ton bekannt gab, dass er den Mitgliedsausweis der Partei erworben hatte und sofort wütend vom Vater unterbrochen wurde: „Welche Partei? In diesem Hause gibt es keine politischen Parteien!", und er hatte ruhig weiter geredet: „Die kommunistische und ich wäre neugierig, ob du vor zwanzig Jahren dieselbe Meinung hattest."

Vater erstickte fast, die Suppe war ihm in den falschen Schlund geraten, und wie er es üblicherweise bei solchen Gelegenheiten zu tun pflegte, war er ohne etwas hinzuzufügen aufgestanden und war aus dem Zimmer gegangen. In diesem Haus hatte es niemand mehr gewagt, das Wort 'Kommunist' auszusprechen.

Vera fuhr fort: »In Mailand fand ich bei einer Zeitung Arbeit. Ich schreibe fast ausschließlich über Frauenangelegenheiten: Mich interessiert nur die Emanzipation der Frau. Es ist ein langer Weg, aber es ist notwendig ihn zu gehen, wir haben keine Wahl. Es ist ein Kampf mit dem Messer; beim geringsten Anzeichen der Schwäche, eines Nachlassens landen wir sofort wieder in den früheren Rollen ...«

Elena unterbrach sie: »Ich weiß, dass ich nicht auf dem Laufenden bin, dass ich nie an die Emanzipation der Frau gedacht habe, sondern an die der Männer: Wenn ich meinen Vater ansehe, der nur zu kritisieren weiß, aber nicht einmal in der Lage ist, sich einen Kaffee zuzubereiten und jedes Mal, wenn ich ihn zum Einkaufen schicke mit Zeug heimkommt, das man wegwerfen muss, gerade so als mache er es absichtlich, dann denke ich an die extreme Abhängigkeit der Männer. Wenn ich nicht wäre, und ich bin nicht besonders geschickt, würde er sicher Hungers sterben. Aber vielleicht geht es nicht einmal darum. Ich glaube, für ihn und für Männer wie er, ist es erniedrigend, beziehungsweise unehrenhaft die eigenen Hände für Arbeiten oder Aktivitäten zu benutzen, die als typisch weiblich angesehen werden. Ich frage mich, ob auch die Aktivitäten ein Geschlecht, eine sexuelle Qualifikation haben.«

Vera konnte sich ein Lächeln nicht verkneifen. »Es ist nicht seine Schuld. Er ist schlecht erzogen worden. Auch Nello sagte mir, dass er nichts kann, dass er ungeschickt in allem sei, als er aber merkte, dass ich nicht einmal imstande war Spaghetti zu kochen, hat er sich an den Herd gestellt. Und nach den ersten mehr oder weniger gescheiterten Versuchen, hättest du die sizilianischen Spezialitäten sehen sollen, die er zuzubereiten wusste. Und außerdem hinterließ er mir die Küche aufgeräumt, da ich nicht einmal dazu imstande bin! Er begann sich zu überzeugen, dass man auch zum Kochen intelligent sein muss; das wird schon dadurch bewiesen, dass die großen Köche alles Männer sind, sagte er. Ein Argument, das ich nicht widerlegen konnte. Aber dafür gibt es präzise Gründe, wirst du mir sagen. Mit ihm habe ich mich aber nie in Diskussionen über das Wie und Warum eingelassen. Kurz und gut, ich bin zu dem Punkt gekommen zuzugeben, dass die Frauen nicht intelligent genug sind, zu kochen, eine Wohnung in Ordnung zu halten und auch nicht für einen Beruf geeignet sind, der weiblicher nicht sein könnte: die Mode. Die großen Modeschöpfer sind alles Männer, mit einigen kleinen Ausnahmen ...«

»Darin erkenne ich meinen Bruder sehr gut wieder«, murmelte Elena lächelnd. Vera fuhr fort: »Die Geschichte mit der Intelligenz war eine fixe Idee. Laut ihm haben die Frauen die Vorherrschaft der Männer eben aus mangelnder Intelligenz hinnehmen müssen. Er hat nie meine These der physischen Kraft akzeptiert: alles nur Gerede. Die großen Genies der Menschheit haben nie die Muskeln benutzt; es ist die Intelligenz, die Genialität, die siegt, nicht die Muskeln. Unsere Diskussionen endeten immer mit zugeschlagenen Türen, oder er ging aus und ich in mein Zimmer. Es war unmöglich, mit ihm zu argumentieren. Ich schleuderte ihm seine atavistische Verachtung der Frauen ins Gesicht, sein Sizilianer-Sein bis ins Knochenmark, seine Kultur mit einer Evolution auf Steinzeitebene, voller Vorurteile ... Ach, ich lasse mich immer noch gehen, ich erhitze mich, als säße er noch da, mir gegenüber.«

Sie hielt beinahe verschämt wegen der Leidenschaftlichkeit ein, die sie immer noch nicht zu zähmen wusste. Sie fing sich wieder: »Schlussendlich glaube ich, dass eine Umerziehung der Mentalität, der männlichen Psyche notwendig wäre, aber auch der weiblichen. Man müsste mit dem Abbau der alten Theorien über die Beziehung der beiden Geschlechter beginnen, über die sogenannte Liebe, man müsste alles in Frage stellen: Funktionen, Aufgaben, Wirkungen ... und da müssten die Mütter eine wichtige Rolle übernehmen. Es wäre vor allem eine Umerziehung der Frauen nötig, da gerade bei ihnen alles seinen Ausgang nimmt, sie sind es, die den Kindern ein Gefühl der Über- oder Unterlegenheit einschärfen. Ich denke an meine Mutter und ihre völlig unterschiedliche Art, mich und meine Brüder zu behandeln. Dort muss man beginnen.«

Sie unterbrach sich erneut, erregt und warum auch nicht, etwas begeistert.

»Entschuldige mich, es war nicht meine Absicht, dir einen feministischen Vortrag zu halten, aber das ist ein Thema, das mich immer begeistert, auch an einem Tag wie diesen.«

Nach einer kurzen Pause fuhr sie mit demselben Ungestüm wie vorhin fort: »Wir haben gerade begonnen; vor Jahren wurden die ersten Schritte getan, nun müssen wir die Fäden wieder zusammenführen und nicht mehr loslassen. Es zahlt sich aus und ich spüre, dass dies der richtige Moment ist! Denk nur, noch eine paar Generationen, mehr oder weniger, und die Mädchen werden nichts mehr von den Wunden wissen, den vielen großen und kleinen Erniedrigungen, die Millionen von Frauen vor ihnen erlitten haben. Vor niemandem mehr den Blick oder den Kopf senken zu müssen, von keinem Mann, Vater oder Ehemann mehr abhängig sein. Für sich selbst sorgen können: soweit das grundlegende Prinzip. Die Emanzipation der Frau ist an einen rein ökonomischen Faktor gebunden. Es emanzipiert sich nur, wer auf sich selbst schauen kann, indem er aus jeder Art Vormundschaft ausbricht.«

Ein unbequemer, lästiger Gedanke dämpfte den Fluss ihrer Worte. Sie wusste sich um sich selbst zu kümmern, war sie deshalb unabhängig?

Elena hatte ihr, ohne sie anzublicken zugehört. Sie dachte nach. Wie viele Jahre, wie viele Generationen würde es brauchen, um das alles zu erreichen? Wirtschaftlich war sie von niemandem abhängig, war sie aber deshalb emanzipiert, unabhängig, frei? ... Frei, zu sein wie sie war? Wie war sie? Sie spürte deutlich die Präsenz der Mutter, der Großmutter und wer weiß von wie vielen anderen Großmüttern vor ihr: sie waren alle da, hinter ihrem Rücken. Wie dieses Erbe abschütteln? Und was wäre nachher gewesen? Die Tradition der unterworfenen Frau, immer bereit den anderen aus Liebe zu dienen ... der Dienst der Frau begriffen als ein Akt der Liebe! Was hätte diese Tradition ersetzen können?

Endlich machte sie verbittert den Mund auf: »Alles was du sagst, erscheint mir absolut utopisch. Das ist eine neue Religion ... voller Begeisterung, das gebe ich zu, vielleicht auch voller Fanatismus wie alle neuen Religionen. Es bleibt aber eine Utopie. Für mich sind das Ideen, nur Ideen. Meine Skepsis rührt vielleicht von der Tatsache her, dass ich noch nie solche Diskurse gehört habe. In Sizilien leben wir noch im tiefsten Mittelalter ... oder ich, ich alleine entziehe mich der alltäglichen Wirklichkeit. Ich denke nicht praktisch. Ich habe mich in die Musik geflüchtet, um der Banalität des Lebens zu entkommen – und darin empfinde ich mich mehr denn je als Schwester Nellos; auch er sprach immer von der Banalität des Lebens – aber vielleicht handelt es sich nur um eine angeborene Untauglichkeit die Probleme des Zusammenlebens, der Gesellschaftlichkeit anzugehen. Ich weiß nicht, wie ich es sagen soll.«

Sie unterbrach sich auf der Suche nach Argumenten, dann fuhr sie fort: »Ich bemerke nicht, was um mich herum geschieht, das Leben der anderen interessiert mich nicht. Ich lebe auf einem anderen Planeten, einem Planeten auf dem es gar nicht nötig ist emanzipiert zu sein.«

Sie schwieg lange. Sie war verwirrt. Der feministische Diskurs Veras hatte sie verblüfft. Sie musste nachdenken.

Vera respektierte dieses Schweigen. Sie wusste nicht, was dahintersteckte. Sie kannte sie kaum. Aber sie hatte ihr gefallen, sie konnte zuhören und das war nicht wenig. Auch ihre runde, weiche Stimme gefiel ihr, der Leierton mit einem levantinischen Einschlag, ein Italienisch mit offenen, schleppenden Vokalen, die sie vage an den Nello vor vielen Jahren erinnerten. Der lange Aufenthalt im Norden hatte in ihm jede dialektale Spur gelöscht.

Elena, die aus einer plötzlichen Schläfrigkeit erwachte, spürte, wie ihr Mund Wörter formte, wenige Worte, die sich beinahe ohne ihr Zutun bildeten: eine Frage. Auch dieses Mal fragte sie sich perplex, wie sie diesen Satz hatte formulieren könnten, wer hatte ihr das Recht dazu erteilt.

»Warum habt ihr keine Kinder bekommen?«

Vera, ebenfalls bis zu diesem Augenblick in Gedanken versunken, zuckte zusammen. Der direkte Blick Elenas ließ ihr keinen Ausweg. Sie spürte den Impuls sich zu verteidigen, beinahe als hätte sie jemand angeklagt, aber sie fasste sich sofort.

»Ich weiß es nicht«, sagte sie und zog sich in ein langes Schweigen zurück. Elena wartete einige Minuten.

»Entschuldige diese Indiskretion, nichts gibt mir das Recht Details eures Intimlebens zu erfahren. Ich bitte dich, mir zu verzeihen.«

Vera schüttelte sich wach.

»Nein, nein, entschuldige dich nicht, es ist richtig, dass du es wissen willst, im Grunde handelt es sich um deinen Bruder. Vor Jahren, als unsere finanzielle Situation sich zu festigen begann, ereignete sich etwas. Wir haben uns verabredet, um Gemälde anzusehen. Nello wollte eines kaufen und konnte sich nicht entscheiden ... ich kann jenen Nachmittag nicht vergessen, denn der Besuch im Atelier war ein Reinfall: ich war zerstreut, er plötzlich ganz negativ, sarkastisch, ich glaube, er hat den Maler sogar mit seinen Kommentaren schlecht behandelt. Ich habe nichts gesehen. Ich war abwesend. Vom Maler kommend haben wir den Park durchquert. Eine Gruppe von Kindern kam uns entgegengelaufen; sie liefen einem Ball hinterher. Mit einem plötzlichen Sprung zur Seite versetzte Nello dem Ball einen Stoß, dass er auf die andere Seite des Platzes flog ... Die Kinder schrien begeistert und liefen ihm nach. Ich wusste nicht, dass er seine Füße auf diese Art zu benutzen wusste, dass er so flink sein konnte: bereits damals war er sehr dick gewesen. Wir blieben einen Moment stehen, um ihnen zuzusehen. Nello schaute mich dann an, er sah mich nur an, ohne ein Wort zu sagen und in seinen Augen las ich eine klare, präzise Bitte. Es war das erste Mal. Ich fühlte mich überfordert. Ich wurde von Panik ergriffen, ich kann es dir nicht erklären, ich fühlte mich gehetzt. Er sah mein Gesicht und das genügte ihm. Er sprach das Thema Kinder nie mehr an. Aber ich dachte noch lange daran und quälte mich. Ich wusste, dass ich nicht mehr lange Zeit hatte. Ich hätte alles ändern müssen, praktisch die Waffen strecken, auf mein Leben verzichten, auf meinen Beruf, ‚nur' Mutter und ... Ehefrau. Jetzt bin ich mir meiner Unreife bewusst, des fehlenden Mutes: es braucht Mut, Kinder auf die Welt zu bringen! Mut, Kraft und, wer weiß, eine gehörige Portion Leichtsinn! Wie du siehst, habe ich weder das eine noch das andere.«

Sie machte eine Pause.

»Manchmal glaube ich, dass es auch eine große Dosis Liebe braucht. Offensichtlich besitze ich auch die nicht.«

Sie schwieg gedankenverloren.

»Ein Kind hätte viele Kanten seines Charakters abgeschliffen, wer weiß, vielleicht hätte es ihn mit dem Leben versöhnt. Mit seinem Kind hätte er vielleicht eine Kindheit kennengelernt, wie er sie wahrscheinlich nie gehabt hatte.

Das sind alles unnütze Worte, ich weiß. Man denkt immer Zeit zu haben, unendlich viel Zeit und plötzlich bleibt nichts mehr.«

Sie igelte sich in einem trostlosen Schweigen ein.

Endlich bewegte sich Elena; sie musste den ersten Flug erreichen. Es war eine lange Nacht gewesen und die Morgendämmerung ließ schon die Fensterscheiben matt werden.

Eine Klavierstunde

»Du hast wieder zu viel Essig in den Salat gegeben.«

»Es war nur ein Tropfen.«

»Ein Tropfen, ein Tropfen ... der ist nicht essbar, mir brennt der Mund! Gib lieber zu, dass dir die Hand ausgerutscht ist. Und das Fleisch, nennst du das Fleisch? Ich nenne das ein Schuhsohle, gut nur um Schuhe zu besohlen. Trotz meines Alters habe ich noch Zähne, um die mich manche Dreißigjährige beneiden könnten ... und trotzdem kann ich es nicht kauen. Du hast vergessen dem Metzger zu sagen, er soll dir ein besseres Stück aussuchen. Jeden Tag die gleiche Geschichte. Das ist kein Schnitzelfleisch, du müsstest das wissen.«

Die Tochter hatte sein Vorhaben bereits kapiert: diese Meckerei würde nicht enden, bis er sich vom Tisch erheben würde.

»Deine letzte Schülerin hat wie eine Sau gespielt. Es war eine Qual zuzuhören. Die hat dieses Musikstück auf skandalöse Weise massakriert und du hast nichts gesagt! Ständig falsche Noten und weiter mit aller Kraft drauflos hämmernd ... was für Musik war das? Du hast sie nicht einmal unterbrochen. Ich habe den Eindruck, dass du deine Schüler gar nicht mehr hörst. Ich höre sie eher, und wie ich sie höre!«

Elena bewahrte die Ruhe.

»Wenn du willst, darfst du mich ersetzen, denn du bist ja ein Experte geworden, kennst das Repertoire, weißt, wann sie Fehler machen, ob sie studiert haben ...«

Der Vater stoppte sie mit einem Handzeichen. Er wollte sie nur provozieren, suchte irgendeinen Vorwand, um zu plaudern. Von ihr aus hätte er auch die Stimme verlieren können. Den ganzen Vormittag hatte er die Zeitung gelesen, von der ersten bis zur letzten Zeile, immer vor diesem musikalischen Hintergrund, an den er sich nach all den Jahren noch nicht gewöhnt hatte. Jetzt hatte er das Bedürfnis, das Seine dazu zu sagen.

Er fuhr fort, die Musik als lästiges Geräusch zu betrachten, ein Martyrium, zu dem er von seiner Frau, Gott hab sie selig, verurteilt worden war, die die schlechte Idee gehabt hatte, die Tochter in den Gebrauch dieses Instruments einzuweihen. Aber er wagte nicht zu protestieren; das Mädchen musste, soweit er informiert war, gut verdienen, da sie ihn nie um Geld bat, und das war das Verdienst dieses verdammten Instruments. Tausendmal aber hätte er den Lärm der Autos, der Lastwagen, der Stadt vorgezogen, die mittlerweile auch zu ihnen vorgedrungen waren.

»Das ist nicht mein Beruf, ich habe damit nichts zu tun. Ich wollte dich nur darauf aufmerksam machen ...«, aber die Tochter hatte sich inzwischen erhoben, um Obst zu holen.

»Sind das dieselben Orangen von gestern?«, fragte er mit schriller Stimme. »Dann kann ich auch gehen.« Er stand in der Tat auf, nahm den Stock, auf den er sich aufzustützen vortäuschte, wie die Tochter vermutete, und ging in sein Zimmer, mit schleifenden Schritten. Elena hatte den Verdacht, dass er es absichtlich tat, um sie zu ärgern. Jedes Mal, wenn sie diese Schritte hörte, diese ganz besondere, offensichtlich provozierende Art die Pantoffeln über den Fliesenboden zu schleifen, konnte sie sich einen Anflug von Unduldsamkeit nicht verkneifen. Jetzt schlurfte er absichtlich, um den eigenen Ärger zu äußern.

Diese Tochter hatte keinerlei Respekt vor ihm; die Suppe hatte er als Zeichen des guten Willens hinuntergewürgt, denn sie schmeckte nach nichts; der Salat schwamm im Essig, obwohl sie wusste, dass er den Essig nicht ausstehen konnte: ihm hätte es genügt, die Würze zu riechen, nichts weiter, nur die Würze; das zähe, trockene Fleisch, schlecht gebraten, halb verkohlt und dann noch saure Orangen, ungenießbar. Alles ohne Liebe zubereitet, desinteressiert, vielleicht um ihn zu ärgern.

„Was für eine Frau ist denn das? Sie ist amorph, weder Fleisch noch Fisch. Ohne jeden weiblichen Instinkt. Das kann nicht die Tochter ihrer Mutter sein."

Er setzte sich in den üblichen Polstersessel mit den kaputten Stahlfedern, mittlerweile wer weiß wie viele Jahre alt und unangenehm durchgesessen; wie oft hatte er der Tochter gesagt, sie solle den Polsterer rufen. Sie hatte nie Zeit und dann hätte sie den Stoff kaufen müssen, eine weitere Schererei. In Wirklichkeit hatte sie keine Lust irgendeine Hausarbeit zu machen, sie war schlampig, unordentlich und immer ungeduldig. Aber nur mit ihm, nie mit den Schülern.

Er hatte ihr sogar vorgeschlagen, eine Zugehfrau anzustellen, um den Fußboden sauber zu halten, die Wäsche zu bügeln, die unerlässlichsten Dinge zu erledigen. Aber sie, nein. Sie wollte niemandem im Hause, zog es vor mitten im Schmutz, im Staub zu leben. Ihr war das schnurzegal, während er darunter litt. Er sah sich um: alles war im Verfall begriffen, der Putz bröckelte von den Wänden, Feuchtigkeitsflecken breiteten sich zunehmend aus, ein starker Schimmelgeruch, der einem den Atem raubte, erfüllte die Luft in diesem Raum und im ganzen Haus.

Wer am meisten darunter litt, war seine außergewöhnliche, trotz der Jahre so sensible Nase, obwohl sie im Laufe der Zeit viel von der ursprünglichen Pracht verloren hatte.

Von den Stuckgirlanden, die diese Zimmer geschmückt hatten, ist sehr wenig geblieben. Wer weiß wann das letzte Mal der Staubsauger auf dem Teppich im Einsatz war; wenn er ein wenig mit dem Stock klopfte, stieg eine Staubwolke auf.

Als seine Frau noch lebte, glänzte das Haus wie ein Spiegel und er hatte es nie bemerkt; jetzt bemerkte er die Unordnung, den Staub, die Spinnweben, die er jeden Tag zählte, um zu sehen, ob die Tochter vielleicht einige entfernt hatte. Nichts, sie waren alle da, wenn überhaupt wurden sie zahlreicher, während es ihm die Leber zerfraß. Einmal hatte er gewagt zu protestieren und die Tochter hatte sich erlaubt zu antworten, dass, wenn ihn die Spinnweben stören würden, er sie selber wegmachen könne, er sei ja nicht gelähmt! Soweit waren sie also gekommen: Er hatte tagelang Zeit gehabt, über diese ihre Antwort nachzudenken. Kein Respekt, keine Rücksicht auf einen Mann, auf ein Elternteil, auf einen alten Menschen.

Seiner Frau wäre nie eine derartige Idee in den Sinn gekommen. Er schüttelte beim Gedanken an seine kleine Frau den Kopf. Er begann die Jahre zu zählen, er zählte sie noch einmal auf den Fingerspitzen ab und dachte dabei: „Ich werde alt. Ich bin nicht einmal mehr imstande die Jahre seit Marias Tod zu zählen", und ignorierte, dass er mit seinen vierundneunzig Lenzen schon seit geraumer Zeit alt war.

In letzter Zeit war er immer buckliger geworden. Bis über achtzig war er kerzengerade gewesen. Jetzt ließ das Gedächtnis zu wünschen übrig und wenn ihn die Tochter darauf aufmerksam machte, mit einem gewissen Sadismus, wie er vermutete, gab es endlosen Protest: Wie konnte sie sich erlauben es an Respekt ihm gegenüber fehlen zu lassen; er habe klare Vorstellungen im Kopf und ein eisernes Gedächtnis; sie sei es, die ihn beleidigen wolle! Aber die Tochter reagierte nie, sie ließ sich nicht auf Diskussionen ein. Selbst um den Preis ihm Recht geben zu müssen, was ihn noch mehr reizte. Er fuhr fort sie zu provozieren, um ihr das eine oder andere, für gewöhnlich giftige Wort zu entlocken, um nicht Gefahr zu laufen, den ganzen Tag schweigend verbringen zu müssen.

Trotz seines Alters, hatte er sich eine stolze Haltung bewahrt. Beinahe mager wie ein Knochen, trotz der runzligen, mit dunklen Flecken übersäten Haut, gefiel er sich wie er war: weiße Haare, 'silbrig', wie er zu unterstreichen liebte, immer noch dicht; dichter, schneeweißer Schnauzer, gestutzt wie in seiner Jugend (die Mode ist etwas für Schwachköpfe, urteilte er herablassend); ein längliches Gesicht mit einem Hauch von einem alten Aristokraten. Er pflegte sein Äußeres, seine Hände, seine Fingernägel pflegte er mit Hilfe eines Taschenmesserchens zu säubern, noch eine Quelle des Ärgers für seine Tochter. Jeden zweiten Tag ging er frühmorgens in aller Stille aus dem Haus und ging zum Barbier, um sich den Bart rasieren zu lassen. Selber war er nie dazu imstande gewesen. Er war weiterhin eitel, auch was seine Kleidung anbelangte, auch wenn die Tochter sich kategorisch geweigert hatte ihm, bevor er ausging, die Hosen zu bügeln, wie es die Mutter zu anderen Zeiten gemacht hatte. Er hatte auch nicht die Angewohnheit verloren, die Bügelfalte nachzuziehen sowie er sich gemessen gesetzt hatte. Seit langer Zeit hatte er bemerkt, dass die Tochter sich aufregte, kaum dass er zu jener Geste ansetzte, dass sie sich auf die andere Seite drehte, um ihn nicht sehen zu müssen. So hatte er aus Trotz angefangen, diese Geste zu betonen, um damit eine Reaktion zu provozieren, 'ein Lebenszeichen'.

In Wirklichkeit ärgerte sich die Tochter wegen jeder Kleinigkeit: seine Art zu gehen, sein die Pantoffel über die Fliesen zu schleifen, sein mit der Zunge zu schnalzen, wenn sich ein Fleischstückchen zwischen den Zähnen festsetzte. Er konnte sich nicht die Fingernägel säubern, sich die Hände eincremen – er hatte irgendwo gelesen, dass das die Haut aufhellen und weicher machen würde – und die Liebe, die er für sich empfand, und sein sich vor dem Spiegel aufplustern und die vorteilhafteste Haltung suchen: Er wollte sich elegant auf den Spazierstock aufstützen, das war alles! Aber auch das störte sie, das heißt, sie war überzeugt, dass er in Wirklichkeit gar keinen Stock brauchte. Wie wollte sie das wissen? Er konnte ihr bestimmt nicht sagen, dass ihn seine Beine nicht mehr wir früher trugen! Das wäre gewesen, als hätte er zugegeben gealtert zu sein.

Seit seine Frau gestorben war, hatte er sich angewöhnt im Hause eine alte Hose ohne Bügelfalten und darüber den sogenannten 'Hausrock' zu tragen, wie er einen alten Morgenmantel mit undefinierbarer Farbe pompös nannte, sehr schwer, mittlerweile verschlissen, mit einem abgewetzten Samtaufschlag, an dem ihm ganz besonders gelegen zu sein schien: In der Tat streichelte er ihn jedes Mal, wenn er die Gelegenheit dazu hatte mit einer gewissen Sinnlichkeit, beinahe als handelte es sich um einen besonders wertvollen Pelz ... und auch das ärgerte die Tochter! Welch krankhafte Fantasien verband er damit? Warum beunruhigte es sie, lief rot an, drehte sich auf die andere Seite? Selbst dieser Morgenmantel, der ihn seit mehr als zwanzig Jahren begleitete, störte sie, obwohl ihn seine Frau ein paar Jahre vor ihrem Tod anfertigen hatte lassen. Sie hatte vor nichts Respekt, nicht einmal vor dem heiligen Andenken an ihre Mutter.

Nach dem Tod seiner Frau hatte er nicht wieder geheiratet. Die Siebzig überschritten, erachtete er es als unpassend, wenn nicht gar als anstrengend, noch einmal eine Beziehung mit einer anderen Frau zu beginnen.

Gelegenheiten hätte es gegeben, das wusste er. Frauen, ein wenig jünger als er, fünfzigjährige Witwen, noch willig und in der Lage ihm zu Diensten zu sein – er hätte gewusst, wie sie zu entlohnen gewesen wären, da gab es keinen Zweifel – aber er hatte darauf verzichtet, obwohl er unterschwellig schon daran gedacht hatte. Maria war eine gute Ehefrau gewesen, untertänig, respektvoll: keine andere Frau hätte ihren Platz einnehmen können.

Und wer weiß, wie die Tochter reagiert hätte, mit dem eigensinnigen Charakter, den sie hatte: Er hätte den Krieg im Hause gehabt.

Er schaute zur Fenstertür hinaus. Ein schöner Wintertag. Die Hauptstraße, einige hundert Meter von seinem Haus entfernt, war voller Verkehr. Sogar die Lastwagen fuhren jetzt dort vorbei. Und Tag und Nacht der Lärm und der Schmutz, der Staub: Mittlerweile war Ognina integraler Teil der Stadt und man spürte vor allem die Nachteile. Noch vor wenigen Jahre fuhr dort keine Menschenseele vorbei, eine Stille, ein mittlerweile unvorstellbarer Frieden.

Trotz alledem hörte er das Geklapper des Geschirrs aus der Küche, wo Elena, zerstreut, die Gedanken wer weiß wo, mit dem Abwasch beschäftigt war. Seit einiger Zeit hatte er sich angewöhnt, nach den Früchten dieses ganzen Durcheinanders zu sehen, nicht um zu kontrollieren, wie ihm die Tochter vorwarf, sondern bloß, um nachzusehen, wie viele Töpfe schmutzig, wie viel Besteck sie vergessen hatte undsoweiter. Jeden Tag das gleiche Theater. Es schien, als störe sie mitten in der Arbeit etwas und zwinge sie auf der Stelle damit aufzuhören. Einmal hörte er sie sagen, dass sie große Lust hätte alles aus dem Fenster zu schmeißen, dort unten sei ja sowieso das Meer. Vielleicht hatte sie es schon getan: seit langem hatte er diesen Verdacht geschöpft, da das Geschirr offensichtlich immer weniger wurde. Auch das hatte er bemerkt. In der Zeitung hatte er von einem günstigen Geschirrspüler gelesen. Die Tochter hörte ihm für gewöhnlich nicht einmal zu; wenn er sprach, stellte sie sich taub. Wie immer hatte sie es nicht einmal für nötig erachtet irgendeine Meinung zu äußern. Sie wollte keine Veränderungen, das war der wahre Grund! Sie zog es vor sich zu beklagen, das Opfer zu spielen, alles herunterzuwirtschaften; wie oft hatte er es ihr wiederholt?

Seltsames Geschöpf, diese Tochter. Sie glich der Mutter wie ein Ei dem anderen, aber nur äußerlich: klein von Gestalt, schwarze Haare und Augen (die Augen hatten sich die Entschlossenheit ihrer Kindheit bewahrt, mit einer Spur mehr Sturheit), das runde Gesicht seltsam mit Sommersprossen übersät, beinahe so, als handle es sich um eine Rothaarige. Er erinnerte sich, wie der Sohn, Gott hab ihn selig, ihr als Kind immer „facci i bbummulu“[5] hinterhergerufen hatte. Er lächelte wohlgefällig: der Junge hatte ins Schwarze getroffen.

Seine Frau hatte keine Sommersprossen gehabt, daran erinnerte er sich noch gut. Elena, obwohl schon fünfzigjährig, mehr oder weniger – er erinnerte sich nicht an das Geburtsdatum – hatte nicht eine Falte und auch kein graues Haar. Ein schwieriger Charakter ... wer weiß von wem sie den hatte: ungesellig, verschlossen. Mit einem Wort: widerspenstig.

Er erinnerte sich an seine Frau, so aufmerksam bis zum Schluss und ihre Jugend, ihre Unerfahrenheit, ihre Art ihr Gesicht an seiner Brust zu verbergen, beschämt wegen der Intimitäten, die er ihr zumutete: sie war gut zwanzig Jahre jünger als er! Ein Kind und das war sie ein Leben lang ge-

[5] Der *bbummulu* ist ein traditionelles sizilianisches Tongefäß, der Ausdruck bedeutet hier ‘trotziges Gesicht’

blieben: unschuldig, zart. Er erinnerte sich nicht mehr an die Anzahl der Jahre, aber sie hatten lange miteinander gelebt. Sie hatte nicht wegen Nellos Tod, dem einzigen Sohn, leiden müssen. Sie war vorher gestorben, möge sie in Frieden ruhen.

Auch er war, wie seine Schwester, schwierig, nicht leicht im Umgang. Er erinnerte sich an nichts aus der Kindheit und Jugend seiner Kinder. Ein Vater kann sich nicht um die Kinder kümmern, das liegt in der Natur der Dinge. Dafür gibt es die Mutter. Eines Tages aber, zu seiner großen Überraschung, hatte er festgestellt, zwei Fremde, zwei Unbekannte im Haus zu haben! Elena war immer schweigsam, mürrisch gewesen. Sowie er von der Arbeit nach Hause kam, lief sie in ihr Zimmer und schloss sich ein; er begegnete ihr nur zu den Essenszeiten. Nello? Heute noch, Jahre danach, konnte er den Schmerz nicht verwinden, den er ihm bereitet hatte: Seine Dissertation war noch dort, wo er sie liegen gelassen hatte, bevor er abreiste. Einmal hatte Elena ihn dabei überrascht, wie er die Schreibtischschublade im Zimmer des Bruders aufmachte. Sie hatte keinen Kommentar abgegeben: von ihr aus, hätte es ein Haus von Sprachlosen sein können.

Nello war der Schmerz seines Lebens, ein ins Herz gerammter Dorn. Er trug eine schwarze Krawatte und würde sie nie mehr ablegen. Dieser Junge war nur herangewachsen, um ihn zu bekämpfen, zu demütigen, aber er hätte all das vergessen können, wenn er nur das Studium abgeschlossen hätte! Diese einzige Genugtuung hatte er ihm nicht gönnen wollen. Wenn er zumindest gewusst hätte warum.

„Mit ihm ist der letzte Zweig meiner Familie erloschen“, dachte er, beinahe als hätte es sich um den Zweig eines Adelsgeschlechts gehandelt. Das dem Bruder dank einiger

Prozesse abgerungene Haus (er lächelte bei dem Gedanken, da er sich noch heute eine gewisse Genugtuung nicht verkneifen konnte) würde auf die Neffen übergehen, gerade auf die Kinder dieses Bruders, da auch Elena nicht imstande gewesen war, eine Familie zu gründen. Die gute Seele von einem Bruder: wenn er voraussehen hätte können, wie alles enden würde, hätte er sich eine Menge an Anwaltskosten und Ärger sparen können. Vielleicht war er aus diesem Grund so früh gestorben, obwohl er jünger war als er. Die Neffen würden sicher alles sofort verkaufen. Wer weiß, mit welcher Ungeduld sie darauf warteten, dass er das Zeitliche segnete; der Tochter würden sie eine Wohnung mit Heizung und allem Komfort anbieten. Vielleicht hatten sie sich schon hinter seinem Rücken geeinigt. Bei einer solchen Tochter war alles möglich. Anstelle ihres Hauses, so reich an Traditionen, wäre wie ein Pilz ein Gebäude von wer weiß wie vielen Etagen in die Höhe geschossen, wie die anderen Gebäude, die der Straße entlang emporwuchsen. Was für ein Trauerspiel! Jedes Mal, wenn er daran dachte, was nach seinem Ableben geschehen würde, wurde er von einer großen Verbitterung gepackt, von einer Trostlosigkeit, einem Gefühl der Leere, der Nutzlosigkeit: alles verloren, alles würde von der Gier der Leute verschlungen werden. Zu den Neffen und Nichten und deren Kindern hatte er kaum Kontakt. Das waren nachtragende, neidische Leute von einem niedrigeren sozialen Niveau wie seinem.

Und dann hatten sie ihm die Geschichte mit dem Haus nie verziehen.

Elena hatte aufgehört mit Töpfen und Tellern zu klappern. Der Alte hörte trotz seines Alters noch jeden leisesten Laut. Ein Grund mehr, um seine Tochter aufs Äußerste zu reizen. Er erhob sich langsam und mit überraschender Leichtigkeit, und ohne mit den Pantoffeln zu schlurfen ging er in die Küche: Elena war noch dort. An den Rahmen der Balkontür gelehnt sah sie in Gedanken versunken hinaus. Das Meer glitzerte in der Sonne, die Wellen kräuselten sanft die Oberfläche. Sie drehte sich ironisch um: »Siehst du, du kommst, mich kontrollieren. Diese Mal kannst du es nicht leugnen ... du hast dich auf Zehenspitzen angeschlichen!«

Der Vater fühlte sich auf frischer Tat ertappt. Er vermochte nur zu brummeln, dass er ein Glas Wasser trinken wolle und ging sofort wieder weg, tief beschämt. Dieses Mal trat er mit den Pantoffeln energisch auf. Deprimiert kehrte er in sein Zimmer zurück. „Sie hasst mich. Ich weiß nicht warum, aber sie hasst mich, sie ist sauer auf mich, sie kann mich nicht ausstehen." Mehr als einmal schon ist ihm dieser lästige Gedanke durch den Kopf gegangen, aber er hatte ihn verscheucht: Eine Tochter 'kann' nicht den Vater hassen, das ist gegen die Naturgesetze. „Sonst würde alles zugrunde gehen." Er nahm wieder in seinem Sessel Platz, der knarrte und schelmisch dachte er: „Fehlgeschlagenes Unternehmen." Ein Lächeln entschlüpfte ihm.

Elena fuhr fort in der Küche herumzuschimpfen. Sie sagte unerfreuliche Dinge, kam mit der alten Leier von den versklavten Frauen, nur auf der Welt, um alten Tyrannen zu dienen, andere Geschichten ohne Bedeutung, an die er sich mittlerweile gewöhnt hatte, nicht zu vergessen. „Diese arme Frau redet nicht viel, aber wenn sie den Mund aufmacht, wiederholt sie immer dieselben Dinge, verspritzt immer dasselbe Gift."

An die eigene Tochter wie an eine 'arme Frau' zu denken, überraschte ihn. Bis vor kurzem war sie noch ein 'armes Mädchen' gewesen. Er versuchte nachzurechnen: Wie alt mochte sie sein? Sie war fünf Jahre nach der Hochzeit auf die Welt gekommen. Er erinnerte sich an Maria mit dem

Bauch und ihre Pein. Er fühlte sich schuldig sie in diese Lage versetzt zu haben, sie, so zerbrechlich und klein und noch so jung. Er verlor sich erneut in sehr fernen Erinnerungen und vergaß den Grund, weshalb er sich vor ein paar Minuten aufgeregt hatte ... Ach, die Tochter! Er vermochte sich mit großer Klarheit an Ereignisse einer sehr fernen Vergangenheit zu erinnern und dann verlor er sich beim einfachen Nachzählen der Jahre. Er schaute zum Fenster hinaus als suche er eine Eingebung. Bei Marias Tod hatte das Mädchen die Zwanzig überschritten, darin war er sich sicher, denn sie hatte mit der Mutter das Klavierdiplom gefeiert, als sie ihren Abschluss machte ... er kam durcheinander; in welchem Alter hatte Elena ihren Abschluss gemacht und in welchem Jahr? Er wusste es nicht mehr, aber es musste einige Zeit nach Nellos Abreise gewesen sein, daran erinnerte er sich sehr gut, den bei dem Fest, das die Mutter hatte organisieren wollen, fehlte der Junge.

„Der Junge war nicht dabei."

Wie jeden Nachmittag nach dem Mittagessen glitt er irgendwie verbittert in einen leichten Schlaf.

Elena setzte sich ihrerseits in den sogenannten Salon und wartete. Es war der einzige Raum, den sie immer sorgfältig sauber hielt, vielleicht, weil sie viele Stunden am Tag dort verbrachte. Hier unterrichtete sie fünf, sechs Stunden am Tag, fast immer in der Kälte. Die Sonne kam nie dorthin, außer im Sommer, und auch dann nur in den letzten Nachmittagsstunden. Im Haus gab es keinerlei Art von Heizung. In den Wintermonaten musste sie sich mit einem Elektroöfchen zufrieden geben ... nur während der Unterrichtsstunden. Auf jeden Fall der ideale Raum, um zu musizieren, mit einer Akustik, um die sie jeder Konzertpianist beneidet hätte. Aber sehr kalt, vor allem am Morgen. Außer dem Flügel, den sie selbst mit dem eigenen Verdienst gekauft hatte, um Mutters Wandklavier zu ersetzen, gab es praktisch keine weiteren Möbel, wenn man von einem Regal für Notenhefte und einigen Stühlen absah, die verstreut, ohne irgendeiner Ordnung herumstanden, als befänden sie sich nur zufällig dort. Unter dem Flügel hatte sie einen Teppich ausgebreitet, um die Töne zu dämpfen und um zumindest den Eindruck warmer Füße zu erzielen.

Einmal im Jahr war sie gezwungen ein Konzert zu organisieren, um die am besten vorbereiteten Schüler oder die, die kurz vor einer Prüfung standen vorspielen zu lassen. Bei diesen Anlässen gab dieser Salon die Figur eines richtigen Konzertsaales ab. Sie mietete an die fünfzig Stühle, stellte den Flügel in eine Ecke und die Illusion war perfekt. Die dezente Beleuchtung ließ die Wände im Halbdunkel. Da und dort ein Farbtupfer, einige Andeutungen des Freskos, die aus dem Halbdunkel auftauchten und vor allem die Decke mit dem auf wundersame Weise intakt gebliebenen großartigen Kopf des Zyklopen, vermittelten einen Schein von Großartigkeit, von dekadentem Luxus. In einer unwahrscheinlichen Atmosphäre anderer Zeiten, zelebrierte man dann ein großes Fest mit Blumen, Erfrischungen und einer enormen Menge nutzlosem Geschwätz.

Elena liebte diese Feste nicht. Sie brachten für einige Wochen ihr Leben durcheinander. Am Ende, völlig erledigt, schwor sie sich, das Experiment nicht mehr zu wiederholen. Jedes Jahr derselbe Entschluss.

Es war drei Uhr geworden. Der erste Schüler hätte bereits da sein müssen. Wie immer verspätete er sich. Einige Minuten später klingelte es an der Tür. Es war Franco, ein zwölfjähriger Junge mit völlig glattrasiertem Kopf (auf seinen ausdrücklichen Wunsch und gegen den Willen der Eltern, wie er zu präzisieren beliebte, wenn ihn jemand eindringlich anschaute), sehr groß für sein Alter. Jedes Mal, wenn er spielte, fixierte Elena erstaunt seine Hände, an die eigenen denkend, die seit mittlerweile fast vierzig Jahren gleich klein geblieben waren. Als Kind hatte sie sich immer mit der Vorstellung getröstet, dass auch die Hände wachsen würden. Mit zwölf, dreizehn Jahren war sie ein wenig gewachsen, nie aber so wie Nello. Jeden Tag betrachtete sie ihre Hände, nahm auf der Tastatur Maß, probierte einen Akkord, der ihr als Beispiel diente, immer denselben, dann rannte sie zu ihm.

»Spreize deine Finger ... nicht so übertrieben!«, und sie erzürnte sich. Ihr schien, Nello machte es absichtlich: Seine Finger verlängerten sich unverhältnismäßig; seine Hand schien im Vergleich zu ihrem Pfötchen riesig zu sein. Dann hätte sie ihn schlagen wollen. Sie beschuldigte ihn präpotent, dumm zu sein. Er reagierte grinsend.

„Die übliche weibliche Logik: Was hat die Intelligenz mit der Länge der Finger zu tun? ... Du aber hast kurze Finger und ein kurzes Gehirn."

Dieser Junge hatte mit zwölf Jahren lange und robuste Finger, eine wenn auch schmale Hand, mit der er bereits Akkorde greifen konnte, die sie, nach jahrelangen Übungen mit großer Mühe schaffte.

»Du hast wieder an den Nägeln gekaut und dir die Hände nicht ordentlich gewaschen. Ich verstehe nicht, wie du tintenbefleckte Finger haben kannst. Verwendet ihr keine Kugelschreiber in der Schule?« Es schien ihr, sie wiederhole immer dieselbe Litanei: Der Nachmittag war den noch schulpflichtigen Schülern vorbehalten. Mehr oder weniger dieselben Typen, dieselben Probleme, dieselben Sätze.

Ohne die Kommentare der Lehrerin zu beherzigen, hatte Franco inzwischen mit den Skalen begonnen. Die Vorgangsweise war immer dieselbe; Elena musste kein einziges Wort dazu sagen. Auf die ohne Konzentration hingeworfenen Tonleitern mit einem Fingersatz eigener Erfindung, ging er auf die Arpeggios über und dann auf eine technische Übung zur Spreizung der Finger, die er hasste und nie studierte. Er sprang von einer Sache zur anderen, ohne ihr die Zeit zu lassen, ihn zu korrigieren, auf irgendeine Weise einzugreifen, ungeduldig fertig zu werden.

Endlich, während er mit der üblichen Eile die Czerny-Übungen abspulte, blockierte ihn Elena: »Halte einen Moment ein. Wen glaubst du betrügen zu können? Du hast die Tonleitern auf wirklich schändliche Weise verpfuscht. Mit der rechten Hand war die Daumenpassage regelmäßig falsch, von der Linken gar nicht zu reden. Glaubst du den Fingersatz einfach so setzen zu können, wie es kommt? Wie oft habe ich dir erklärt, dass der Fingersatz die Basis von allem ist, das Gerüst, auf dem das ganze musikalische Gebäude aufgebaut ist ... Glaubst du, die großen Pianisten ändern den Fingersatz wie die Kleidung?«

Franco starrte vor sich hin, ohne zu antworten: Immer diese fixe Idee mit dem Fingersatz!

»Wiederhole die Skala und spiele auch die zugehörige Molltonart in Terzen und Sexten. Beim nächsten Mal muss es klappen und achte darauf mit dem zweiten Finger zu beginnen.«

»Warum kann ich nicht mit dem dritten Finger anfangen? Das ist doch wohl das gleiche, nicht?«

Elena dachte, dass sie sich in seinem Alter nie erlaubt hätte einer erwachsenen Person zu widersprechen, schon gar nicht einer Lehrperson. Sie wusste nicht gleich zu reagieren. Inzwischen hatte der Junge mit der Czerny-Studie begonnen, die er schon seit zwei Lektionen wiederholte. Elena schien abwesend. Hörte sie ihm zu? Verzaubert betrachtete sie diese Hände, die Gewandtheit mit der sie über die Tastatur zu fliegen vermochten und sie dachte, dass es für sie in seinem Alter viel komplizierter gewesen war.

Es war das klassische Alter, in welchem sich das Gehirn einnebelte und das Denken umständlicher wurde. Sie erinnerte sich an einen Satz des Bruders: „Du denkst mit Spätzündung". In der Schule war es dieselbe Geschichte; der Professor trug vor und sie nahm alles wie hinter einem Vorhang wahr: Halbsätze, sinnlose Worte, die ins eine Ohr hinein und zum anderen hinausgingen und eine Art Summen verursachten und nichts weiter. Ihr Gehirn funktionierte extrem langsam; sie erinnerte sich lebhaft daran, wie in einem fortdauernden Zustand der Schläfrigkeit. Vielleicht hing das mit dieser Art hormonalen Revolution zusammen, die ihr auch jetzt manche Beschwerden verursachte. „Ich bin in den Wechseljahren", dachte sie und in diesem Moment verhaspelte sich Franco in einer Passage. Elena rüttelte sich sofort wach und der Gedanke wanderte zum Vater, der, bestimmt wach, ihr auflauerte! Franco wiederholte die Passage, aber Elena ließ sie ihn mindestens fünf Mal wiederholen und dachte: „Dieses Mal wird er wohl zufrieden sein."

»Es ist immer der Fingersatz, der dich in Schwierigkeiten bringt. Du musst genauer sein, Das erste Gebot des Künstlers ist die Genauigkeit ...«

»Ich bin kein Künstler.«

»Aber du hast mit der Kunst zu tun.«

»In der Schule zeichnen wir, deswegen sind wir nicht alles Maler und noch weniger Künstler.«

Diese Logik entwaffnete sie. Wieder einmal konnte sie keine zufriedenstellende Antwort finden.

»Ich frage mich, warum du Klavier studierst, wenn du kein Künstler sein willst und nächstes Jahr willst du auch noch die Prüfung des fünften Jahres ablegen.«

»Ich will Pianist werden, aber das heißt nicht, dass ich ein Künstler bin.«

»Du sprichst das Wort Künstler aus, als ob es eine Beleidigung wäre. Na gut, beenden wir die Diskussion.«

Kurz darauf fügte sie hinzu: »Vorerst machst du im Juni Solfeggio, dann werden wir weiter sehen.«

Ohne irgendeine Reaktion war Franco zu Bachs englischen Suiten übergegangen. Er suchte die richtige Seite, nervös im Notenheft blätternd. Elena blockierte seine Hand.

»Mach die Hefte nicht kaputt. So reißt du am Ende noch die Seiten heraus. Das Heft scheint so schon ein Haufen Altpapier zu sein.«

Franco seufzte vor lauter Ungeduld und begann zu spielen. Die Allemande in a-Moll war sein Lieblingsstück. Er übte es bereits seit einem Monat, kämpfte aber immer noch mit diesem verfluchten Fingersatz, der bei Bach besonders kompliziert war und kam durcheinander, wurde stöhnend und vor Zorn schnaubend ungeduldig. Aber er hatte die Linie des musikalischen Diskurses verstanden: Er suchte die Musik, extrahierte sie aus dem Labyrinth der unterschiedlichen Stimmen, die sich verflochten, und wurstelte sich so gut es ging aus dem Wirrwarr des Fingersatzes heraus, der für ihn ein ernsthaftes Hindernis darstellte. Elena hörte ihm plötzlich gerührt zu: Seltsam, dass er in einem derart wilden Alter die ganze feine Melancholie dieser Noten zu erfassen vermochte, beziehungsweise, dass er sich ohne Furcht, mit Zuversicht und ohne etwas 'interpretieren' zu wollen darin vertiefte. Er hatte seine eigene ungestüme Art, sich kopfüber in die Musik zu stürzen, als wäre es das offene Meer, und er wäre mit Begeisterung geschwommen, wenn da nicht die üblichen Schwierigkeiten gewesen wären, die ihn bremsten. Aber das war nur eine Frage der Zeit und der Reife.

»Wenn du beim Üben beide Augen weit aufmachen würdest und nicht bloß eines, wie ich fürchte, könntest du große Fortschritte machen. Du müsstest dich richtig anstrengen, Kunst oder nicht. Ein klein wenig mehr Anstrengung und dieses Stück könnte dir wirklich gut gelingen.«

Franco wandte sich unerwartet ihr zu und sagt ganz ernst: »Das ist das Stück, das mir am besten gefällt. Bach (er sprach es *Bak* aus) ist mein bevorzugter Komponist.«

Elena, an diese plötzlichen Erklärungen, an diesen so bedeutungsschweren Ernst gewöhnt, verzieh ihm wie immer alles, sie hatte sogar ein halbes Lächeln des Verständnisses übrig. Dabei dachte sie: „Dieser Junge ist sehr musikalisch. Da gibt es keinen Zweifel. Er hat eine sein Alter übersteigende Feinfühligkeit. War ich in seinem Alter so musikalisch?«

Als sie dreizehn war, hatte sich ihre Mutter in den Kopf gesetzt, sie für die Prüfung des fünften Jahres anzumelden! Wie sollte sie die dumme Figur vergessen, die sie abgegeben hatte? Sie war mit dem Vater nach Neapel aufgebrochen. Die Mutter hatte unbedingt gewollt, dass sie sich am S. Pietro a Maiella vorstellte; sie musste zuerst eine Solfeggio Prüfung ablegen und zwei Tage später am Klavier vorspielen. Wie vom Vater vorausgeahnt, wurde sie auf dem Fährboot seekrank. Sie übergab sich beinahe ununterbrochen und schämte sich dabei vor den anderen Fahrgästen. Heute noch schüttelte sie bei der Erinnerung an die väterlichen Schelte verärgert den Kopf. Den ganzen Rest der Reise hatte der Vater nichts weiter getan, als zu grummeln. Elena hätte sterben wollen.

Elena hatte noch diese Strafpredigten in den Ohren, diesen dröhnenden Tonfall, diese juristischen Begriffe, die integraler Bestandteil seines alltäglichen Wortschatzes waren. Es waren viele Jahre vergangen, aber manches Mal träumte sie eine jener schrecklichen Anklagereden zu hören, die er von den Staatsanwälten kopierte. Es waren die wenigen Gelegenheiten, in denen er es für nötig erachtete, seine väterliche Autorität zu zeigen: Der große Justiziar, der es genoss, eine Terminologie zu verwenden, die bei der Beurteilung eines Verbrechers angebracht war, aber gewiss nicht eines Kindes, das von der Mutter gerügt wird, einen kleinen Unfug gemacht zu haben. Üblicherweise genügten zwei, drei völlig unverständliche, aber mit extremer Ernsthaftigkeit ausgesprochene Worte, um sie in Tränen ausbrechen zu lassen. Nello hingegen reagierte nicht, jedenfalls in ihrer Erinnerung. Im Gegenteil, sowie der Vater aus dem Haus war, erlaubte er sich, ganz alleine in seinem Zimmer, ihn zu imitieren. Sie hatte ihn einmal dabei überrascht. Später war er von der Ironie zur Unduldsamkeit übergegangen. Wenn der Vater ansetzte, genügte ihm schon der Tonfall seiner Stimme, um zu verstehen, wohin die Reise gehen würde, und er ließ ihm nicht mehr die Zeit, um weiter zu reden: Er zog Leine, flüchtete, ohne auch nur einen Vorwand zu äußern, während sie sich in ihrem Zimmer einschloss. Aber das geschah, als sie bereits groß waren.

Seit er in Pension war, hatte er langsam begonnen seine juristischen Begriffe zu vergessen. Der anklagende Tonfall aber war geblieben. Es muss eine Art zweite Natur geworden sein. Immer noch besser als das Klagen, in das er in letzter Zeit verfallen war.

Franco war inzwischen zu Mozarts *Sonata facile* übergegangen. Elena bemerkte, dass sie ihm sogar die Aufgaben für die nächste Lektion aufgetragen hatte. Wo war sie mit ihren Gedanken?

Es fehlte eine Viertelstunde auf vier Uhr. Der Junge blätterte mit der üblichen Ungeduld in den Chopin Walzern, bereit Feuer zu fangen. Er hatte gerade zu den ersten Takten angesetzt, da legte Elena ihre Hand auf seinen Arm: Sie wusste, hätte er erst einmal losgelegt, sie hätte ihn nicht mehr aufhalten können. Sie dachte, den Kaffee für den Vater aufzusetzen. Sie entschuldigte sich einen Augenblick (Franco kannte diese ihre Gewohnheit) und ging in die Küche. Sie bereitete das Espressokännchen vor und kam in den Salon zurück. Franco legte mit demselben Enthusiasmus von vorhin los, aber nach den ersten beiden Seiten unterbrach er sich plötzlich.

»Ich weiß, dass du gerade angefangen hast, aber du musst von Anfang an den richtigen Anschlag finden. Deine Art zu spielen, gehört beinahe eher zum Cembalo, trocken, mir kommt vor Scarlatti zu hören. Und nicht nur der Anschlag ist steif: Du spielst wie ein Metronom, zu rhythmisch, ohne Rubato, ohne Akzent ... Hier sind wir sehr weit von Bach entfernt. Es braucht Weichheit; du musst bei manchen Tönen verzögern, dich da und dort mit Diskretion anlehnen und anderswo ausweichen, wenn die Übergangsnoten nicht bedeutsam sind. Du darfst nicht jede Note gleich den anderen spielen. Auch wenn du sprichst, setzt du, ohne dir dessen bewusst zu sein, Akzente, sonst würdest du wie ein Roboter sprechen. Und dann: atme; mach die eine oder andere Pause, die nötig ist, um die folgenden Wörter zu unterstreichen. Versuche diesen ersten Satz noch einmal und versuche ihn zu singen, beziehungsweise, singe ihn, bevor du ihn spielst.«

»Ich kann nicht singen. Ich bin verstimmt, sagt mir immer meine Mutter.«

»Was heißt, du bist verstimmt! Kannst du nicht wiederholen, was du hörst? Es ist nicht notwendig eine schöne

Stimme zu haben, um zu singen. Versuch es mit mir, auch ich kann nicht singen.«

Elena setzte zum ersten Satz des Walzers an. Der Junge schwieg. Elena wollte nicht darauf bestehen.

»Wenn du nicht singen willst, dann spiele ich die paar Noten, dann verstehst du, was ich meine.«

Franco hörte zu; es war nicht klar, mit wie viel Interesse. Die Lehrerin spielte den Satz noch einmal und bat ihn, ihn seinerseits zu spielen und ermutigte ihn, das Pedal zu benutzen. Der Junge versuchte es wieder und wieder ohne große Überzeugung.

»Wenn du zu Hause bist, mache einige Experimente. Setze das Pedal sauber ein, aber vergiss nicht, benutze es so, wie angegeben. Du wirst sehen, es wird dir gefallen. Nächstes Mal möchte ich einen anderen Chopin hören als heute.«

Ziemlich unzufrieden sammelte Franco seine Hefte ein und mit der üblichen Eile, mit der er alles zu machen schien, rannte er auf die Straße hinaus.

Die wenigen Minuten Pause bis zum Eintreffen des nächsten Schülers nützend, der in Wirklichkeit ein Mädchen war, setzte Elena den Kaffee auf, nahm eine Tasse für sich, wie sie es jeden Nachmittag machte und brachte den Rest ihrem Vater. Sie fand ihn auf dem Sessel ausgestreckt, die Augen aufgesperrt, den Mund halb geöffnet, aus dem eine Art Röcheln kam. Der Speichel tropfte schäumend aus dem Mund. Beinahe fiel ihr das Tablett aus der Hand. Sie dachte an einen Herzinfarkt oder an einen Schlaganfall. In seinem Alter war alles möglich. Sie stürzte zum Telefon und rief den Krankenwagen.

Am Abend, zum ersten Mal alleine in ihrem Haus, lief sie durch sämtliche Zimmer, machte die Fenstertüren zur Straße hin ordentlich zu, versicherte sich, dass die Eisengitter, die seit einigen Jahren vor jeder Fenstertür angebracht waren, richtig geschlossen waren, machte alle Lichter aus und ging in das Speisezimmer. Sie schaltete den Fernseher ein. Sie hatte ihn vor einigen Jahren gekauft, um den Vater zu beschäftigen, der den ganzen Tag die Zeitung lesend verbrachte. Zuerst hatte er protestiert, sie erinnerte sich noch daran, dann hatten ihn die halbnackten Mädchen, die Tänzerinnen der Abendsendungen vergnügt. Man musste sich dann seine Kommentare anhören. Manchmal schlief er vor dem eingeschalteten Fernseher ein und sie hörte ihn von ihrem Zimmer aus schnarchen.

Jetzt schaltete sie ihn ein, aber stumm. Sie sah, wie sich die Figuren in einem Western von vor einigen Jahren bewegten, die Münder sich öffneten und schlossen. Sie ging schon seit langem nicht mehr ins Kino und am Abend, wenn ihr Vater schon im Bett war, setzte auch sie sich manchmal hin, um einen alten Film anzusehen – sie vertrug seine Kommentare nicht. Lange starrte sie diese Figuren an, wie in einem Stummfilm.

Sie wusste, dass ihr Vater nicht mehr nach Hause kommen würde. Der Arzt im Krankenhaus hatte ihr gesagt, dass es eine Angelegenheit von Tagen oder vielleicht auch nur Stunden sei.

Seltsam, dass sie in all den Jahren nie an eine solche Möglichkeit gedacht hatte: Alleine bleiben, sich um niemanden kümmern müssen, nie mehr dieses undeutliche Gemurmel, diese Klagen, dieses irritierende Schlurfen. War ihr Vater nur das? Von ihm kannte sie nur diese Äußerlichkeiten. Was anderes hätte sie über ihn sagen können? Sie wollte sich nicht damit aufhalten, irgendeine Überlegung zu ihrem Vater anzustellen. Sie war noch verwirrt: Die Fahrt im Krankenwagen – sie hatten ihr ausnahmsweise erlaubt neben ihrem Vater zu sitzen – er auf der Tragbahre, das Gesicht verfallen, leblos, schon weit weg, die Augen, die ihm ein Krankenpfleger geschlossen hatte, wie man es bei den Toten tat. Er hatte nicht auf ihre Stimme reagiert, zum ersten Mal: plötzlich ein Fremder, entschlossen sich der Pflicht zu antworten zu entziehen, gleichgültig gegenüber der Rolle des Vaters, wie er sie auffasste. Und dann das Krankenhaus, der diensthabende Arzt, die trägen Krankenpfleger, desinteressiert: was für Trostlosigkeit. Endet so ein Leben?

Plötzlich sah sie dieses Gesicht wieder, das sie so gut kannte, jede Falte, jeden Ausdruck. Es blieb nichts als die Erinnerung, wie vom Gesicht der Mutter, des Bruders, inzwischen verblichen. Was wusste sie über sie? Drei Menschen, mit denen sie einen guten Teil ihres Lebens verbracht hatte, beinahe zufällig. Nicht aus freien Stücken. Und wenn sie wählen hätte können, hätte sie in dieser Familie auf die Welt kommen wollen? „Sind das Fragen, die man sich stellen soll?"

Eine große Stille lastete auf dem Haus. Zu dieser Stunde war es auf der Straße still und das Meer atmete ruhig unter den Fenstern. Zum ersten Mal wurde ihr diese Stille bewusst und sie fürchtete sich davor. „Wenn jemand hierherkommen würde, um mich umzubringen, würde es niemand bemerken." Schon seit langem hatte sie beschlossen dieses Haus zu verlassen, so bald wie möglich.

„Jetzt ist es möglich", war der erste klare Gedanke, der in ihrem Kopf auftauchte. Der Vater hätte niemals zugestimmt alles zu verkaufen und anderswo zu wohnen. Aus diesem Grund hatte sie nie mit ihm darüber geredet. Sie würde alles verkaufen, würde nur das Klavier und einige unentbehrliche Dinge mitnehmen. In einem der neuen Gebäude, die vor kurzem am Ende der Straße gebaut worden sind, hatte sie etwas gesehen, was alle ihre Wünsche erfüllt hätte: zwei

Zimmer, Küche und Bad, und einen Balkon mit Meerblick. Den brauchte sie. Ohne Meerblick wäre das Leben verstümmelt gewesen.

„Von dieser Familie ist niemand mehr übrig geblieben. Weder ich noch Nello sind imstande gewesen eine Spur zu hinterlassen. Vielleicht meine Schüler, wenn ich nicht mehr sein werde, werden sich an mich erinnern. Vielleicht auch nicht. Ein Zeichen, das innerhalb einer Generation gelöscht werden wird. Über Nello wird niemand mehr reden. Nur Papa dachte an ihn, und ich. Wenn ich gestorben sein werde, wird auch er vergessen sein, endgültig, so als ob er nie geboren worden wäre. Der Sinn des Lebens. Das also ist der Sinn des Lebens, der mir immer entgangen ist: die Kinder. Wenn ich ein Kind gehabt hätte, hätte ich durch das Kind weitergelebt. Eine Art unsterblich zu sein; ich habe es nie begriffen."

Sie dachte, dass sie nicht einmal den Trost des Glaubens hatte. In all den Jahren war sie ohne Gott ausgekommen, der große tröstende Vater, mit dem man sprechen, den man um Rat fragen konnte. In Wirklichkeit ein Gespräch mit sich selbst, da Gott für gewöhnlich nicht mit den Sterblichen in einer Sprache der Sterblichen kommuniziert ... aber in vielen Situationen hätte ihr mindestens die Illusion einer Hilfe, das Eingreifen des Obersten, gereicht. Im Grunde tut die Menschheit nichts als verhandeln, fordern, sich beschweren und auch gegen Gott aufbegehren und ihm einen Gerechtigkeitswillen zuschreiben, der einem rein menschlichen Maßstab unterliegt. Warum hatte nur sie sich nicht auf Kompromisse einlassen, bitten, über die Gerechtigkeit dieses und jenes diskutieren können? Diskutieren und zugeben im Unrecht zu sein, schwach zu sein?

Sie hatte sich nie erlaubt schwach zu sein. Ein Vater, ein richtiger Vater hätte ihr erlaubt schwach zu sein. Ein Vater, fähig sie auf die Knie zu nehmen, als Kind, sie zu trösten und ihr jene Wärme zu geben, die sie dann ein Leben lang gesucht hat; er hätte sie gelehrt mit einem Mann zu sprechen, ihn als ihresgleichen in Betracht zu ziehen, nicht einen Feind, einen Beherrscher, ein Wesen einer anderen Spezies in ihm zu sehen.

Endlich brach sie in Tränen aus: sie weinte wegen der Liebe, die ihr verwehrt wurde, wegen der Leere, die das Fehlen dieser Liebe in ihrem Leben zurückgelassen hatte und wegen ihrer Unfähigkeit zu lieben. Sie weinte nicht wegen des Todes ihres Vaters, sondern über die Trostlosigkeit des eigenen Lebens, wegen der vergangenen und zukünftigen Einsamkeit bedingt durch die Abwesenheit jener Vaterfigur, die sich ihrer Pflichten ihr und ihrem Bruder gegenüber entzogen hatte. Auch er hatte einen Vater gebraucht, auch er wurde alleine gelassen. Sie weinte auch wegen Nello, zum ersten Mal, und sie söhnte sich mit ihm aus. Nach vielen Jahren.

Dieses Weinen besänftigte sie.

Sie suchte ein Taschentuch und trocknete ihr *Facci i bbummulu*, wie Nello ihr Gesicht bezeichnet hatte, um sie zu ärgern. Sie lächelte bei dieser Erinnerung. Auch das verzieh sie ihm.

Jetzt starrte sie wieder auf den kleinen Bildschirm: Zwei Männer prügelten sich mit sichtbarem Genuss. Endlich fiel einer zu Boden. Der andere schlug nicht weiter, näherte sich dem Tresen des Saloons und mit einer Handbewegung bestellte er einen Whisky. Mit einem Schluck leerte er das Glas und schaute sich um, noch in der Stimmung, sich weiter zu prügeln. Die Cowboys, die der Szene beigewohnt hatten, eilten dem Verlierer zu Hilfe.

Elena machte den Fernseher aus und ging zu Bett.

Inhalt

Deutschsprachige Bücher von Ada Zapperi Zucker

Zwischen Lemberg und Meran
Roman
2020, 240 Seiten, 13,80 €

Singende Menschen
Antworten von Sängern auf 17 Fragen
2018, 264 Seiten. 24,80 €

Das Haus in der Widenmayerstraße
Roman
2017, 296 Seiten. 13,80 €

Das Unbehagen der Sora Elsa
Erzählungen
2016, 214 Seiten, 13,80 €

Ein Tag in Bozen
Vier Erzählungen und Fragmente einer Biographie
2014, 224 Seiten, 13,80 €

Die Katakombenschule
Erzählungen aus Südtirol
2013, 248 Seiten, 11,80 €

Zweisprachige Bücher des VoG Verlages

Die Meinung von Samy, Burli und Tina
Le opinioni di Samy, Burli e Tina
Ada Zapperi Zucker
Unmögliche Autobiografien / Autobiografie impossibili
2023, 152 Seiten/pagine, 14,80 €

Das Schweigen
Il silenzio
Ada Zapperi Zucker
Roman / Romanzo
2022, 304 Seiten/pagine, 14,80 €

In Südtirol und anderswo ...
In Sudtirolo e altrove ...
Ada Zapperi Zucker
Erzählungen / Racconti
2022, 320 Seiten/pagine, 14,80 €

Vickis blaue Augen
Gli occhi azzurri di Viki
Ada Zapperi Zucker
Ein Kinderbuch / Un libro per bambini
Inklusive CD mit beiden Sprachvarianten!
2020, 100 Seiten/pagine, 15,80 €

Das Glyzinienhaus
La casa dei glicini
Ada Zapperi Zucker
Erzählungen aus Sizilien / Racconti siciliani
2020, 252 Seiten/pagine, 13,80 €

Herta und andere Geschichten
Herta e altre storie
Ada Zapperi Zucker
Erzählungen / Racconti
2019, 248 Seiten/pagine, 13,80 €

Geht dieser Zug nach Taranto?
Questo treno va a Taranto?
Ester Cecere
Erzählungen / Racconti
2019, 208 Seiten/pagine, 13,80 €

Liebe und andere Verdrießlichkeiten
Amori e altre peripezie
Ada Zapperi Zucker
Erzählungen / Racconti
2018, 196 Seiten/pagine, 11,80 €

Von Sizilien in die Toskana
Dalla Sicilia alla Toscana
Lorella Rotondi, Ada Zapperi Zucker
Erzählungen / Racconti
2017, 164 Seiten, 11,80 €

Über Frauen und andere Geschöpfe
Storie di donne e altre creature
Ada Zapperi Zucker
Erzählungen / Racconti
2015, 128 Seiten, 11,80 €

Libri di Ada Zapperi Zucker in lingua italiana

Tra Lemberg e Merano
Romanzo
2024, 200 pagine, 15,80 €

Il viaggio di Ermelinda
Romanzo
2023, 224 pagine, 15,80 €

Due mezzi volti di un'isola
Cristina Picciolini e Ada Zapperi Zucker
Un dialogo a distanza
2022, 176 pagine, 14,80 €

Nuovo dizionario femminile
Pensieri sparsi
2022, ,244 pagine, 14,80 €

Il vestitino di Angelica
Romanzo
2021, 192 pagine, 13,80 €

Un pugno di storie
Lorella Rotondi e Ada Zapperi Zucker
Divagazioni e riflessioni
2021, 212 pagine, 12,80 €

Due donne del Sud
Caterina Mammola e Ada Zapperi Zucker
Dialogo in 24 lettere
2020, 212 pagine, 12,80 €

Una vita di donna in Sicilia
Romanzo
2019, 148 pagine, 12,80 €

Un'infanzia quasi felice
Racconti
2018, 144 pagine, 10,80 €

I padri assenti
Due racconti
2017, 196 pagine, 11,80 €

La casa del nonno
Romanzo
2016, 264 pagine, 13,80 €

La Cucchiara
Racconti siciliani
2015, 174 pagine, 12,80 €

Un giorno a Bolzano
Quattro racconti e frammenti di una biografia
2013, 224 pagine, 11,80 €

La scuola delle catacombe
Racconti sudtirolesi
2013, 224 pagine, 9,80 €

Gedruckt im Juni 2024
BoD, D-22848 Nordstedt